中非商贸投资协同服务平台

段文奇　张　旭　著

中国商务出版社
CHINA COMMERCE AND TRADE PRESS

图书在版编目(CIP)数据

中非商贸投资协同服务平台 / 段文奇，张旭著. —北京：中国商务出版社，2018.4

ISBN 978-7-5103-2343-0

Ⅰ.①中…　Ⅱ.①段…②张…　Ⅲ.①国际合作－经济合作－商业服务－研究－中国、非洲　Ⅳ.①F125.54 ②F14

中国版本图书馆 CIP 数据核字(2018)第 051437 号

中非商贸投资协同服务平台

ZHONGFEI SHANGMAO TOUZI XIETONG FUWU PINGTAI

段文奇　张　旭　著

出　　版： 中国商务出版社

地　　址： 北京市东城区安定门外大街东后巷 28 号　　**邮　　编：** 100710

责任部门： 商务与法律事业部(010－64245686　cctpress1980@163. com)

总 发 行： 中国商务出版社发行部(010－64266193　64515150)

网　　址： http: / / www. cctpress. com

排　　版： 浙江大春传媒有限公司

印　　刷： 虎彩印艺股份有限公司

开　　本： 710 毫米×1000 毫米　1/16

印　　张： 16.25

字　　数： 250 千字

版　　次： 2018 年 4 月第 1 版

印　　次： 2018 年 4 月第 1 次印刷

书　　号： ISBN 978-7-5103-2343-0

定　　价： 98.00 元

前言

我坚信，中国必将成为世界上最强大的国家！困难在，中国如何成为世界上最伟大的国家。中国以什么样的方式崛起，崛起过程中会给世界带来什么，这是区分强大和伟大的分界线。毫无疑问，一个伟大国家的崛起，应该给世界带来新的规则和秩序，且这种规则和秩序一定优于现存的一切现实选项。目前的世界，国与国之间的关系在一定程度上仍然遵循丛林法则，并没有像“世界是平的”所宣称的那样涌现出一个公平、可信和可靠的全球市场和交易体系。推动世界文明发展的巨大进步，往往来自于微不足道的个人或组织，在追求自身发展时所做的看起来毫不起眼的创新实践。在这些思考的指引和对理想世界的憧憬下，本书作者结合中非经贸发展研究领域和“一带一路”倡议，研发和设计了书中所示的“中非商贸投资协同服务平台”，用“全球”替换“中非”两字对整个平台的设计逻辑和总体思路毫无影响，强调“中非”的缘由不过是本书作者的所在单位将中非经贸发展作为主要的学科发展方向。

平台试图营造一个能使中外国家的个人和组织都能够实现和谐共赢的生态圈，因此作者倡导整个平台的设计、开发和运营应该坚持以下原则：①公益服务原则。建设公共服务平台，为中国政府、企业和个人提供整合协同服务，为非洲国家利用中国资源提高人民生活水平和国家发展程度提供帮助；②共建共享原则。平台只提供公共设施服务、规则体系的制定执行和通用解决方案，绝对不能陷入具体的贸易和投资活动，要让平台的用户在服务其他用户中获得发展；③公平透明向上原则。规则体系的建立和执行要引导平台参与者树立只有通过提供优质的产品、服务和项目才能发展的理念，尽最大努力杜绝无序竞争、恶性竞争、诚信缺失等行为。在目前的设计方案中，平台主要提供以下服务：

（一）一站式第三方服务窗口：①围绕商贸投资，将从事商贸投资活动需要外部机构提供的全部服务详细列出来，建立第三方服务商——商贸投资服务需求的匹配模型，帮助企业在需要某项服务时可以快速找到相应的服务机构，服务需求和服务机构都可以动态更新，平台进行审核评估维护；②建立服务描述模型，将第三方服务商提供的各项服务，进行规范描述和流程化，使得接受服务的企业能够清楚知道服务内容、服务过程和预期的服务效果；③建立每个服务的评价反馈机制，由平台汇总整理后反馈给第三方服务商，作为改进服务质量、淘汰劣质服务提供者、选择第三方服务商的参考依据；④平台其他功能与服务提供商实现流程对接、优化集成后的流程组合以便为企业提供集成式、工作流驱动的办事流程，实现平台与第三方服务商深度集成，条件成熟时提供个性化服务界面。

（二）一站式中央工作平台服务：①个人或组织的身份资信信息，提供个人或组织的证件、信用资料等，以便商业合作伙伴对其身份、信用、实力等有直接了解，设置必选项和可选项；②个人或组织的业务展示，以图文并茂或链接形式展示其提供的商品、服务和投资项目，保持必要的简洁性，以便促进本平台与其他第三方服务商的协同，而不是替代其他平台功能；③商脉圈子设置、建立和维护功能，基于平台整体的商脉网络和匹配算法，提供建议加入圈子、新建圈子、邀请潜在伙伴加入等功能；④商脉圈的沟通功能，主要是调用成熟的社交网络，而不是完全自行开发，后期逐渐开发平台自有的沟通工具；⑤建立我的合作伙伴列表，邀请、管理和维护合作伙伴加入平台，成为用户后将其作为合作伙伴，同时提供对合作伙伴进行评价和维护的功能，平台为其提供其他用户对该合作伙伴的评价等级信息，评价模型应该包括产品、服务和项目本身、用户资信和实力等信用评价、交易交付过程评价等内容，帮助用户全面了解合作伙伴；⑥建立平台与用户直接的沟通机制，包括收到系统信息、通知和参与活动等，为未来通过舆情调研、市场调查和满意度调查等获取商品需求指数、投资风险指数、人才需求指数等提供直接渠道，或向平台提出建议和服务需求；⑦提供在线服务的交易机制，比如发布或读取某个信息，能够通过打赏、点赞和投诉等形式进行支付或获得激励收入，以鼓励用户之间的共建共享；⑧平台系统自建“区域—行业”二维网格圈子群，以便为用户提供权威、可靠的共享服务，通过微信服务号或订阅号的形式实现。

（三）一站式商品数据库服务：①建立商品多维编码模型，维度一：参照现有的行业、产业、类别等逐步细分，维度二：国别地区到类似中国的县一级，维度三：生产厂商，建立这些厂商基于关键词的编码库；②参照面向对象编程思想建立商品描述模型，包括材料、规格等静态属性特征和汇总、平均、成本计算、供应商列表等开展大数据分析的操作方法；③提供商品的市场需求、竞争优势、参考定价等数据分析模型，为企业提供深度咨询创造条件；④建立商品—用户自动匹配模型，将用户关联到具体的商品，可以根据用户查询商品，也可以根据商品查询用户，为建立半透明的市场体系奠定基础，提高平台对生产企业的影响力和服务水平；⑤用户可以根据多种形式的关键词查询，使用商品数据库提供的事实性数据和咨询情报式服务；⑥商品数据库的构建和维护体系，平台授权某个用户具有提供某个国家—某个行业—某个类别产品数据库的权利，将其作为第三方服务商对待，为其提供相应的功能和进行相应的评价监督。

（四）一站式项目投资数据库服务：①建立投资项目描述模型，包括围绕投资项目所需要了解的各方面信息，比如项目名称、市场需求、预期回报、投资额、审批程序、利益相关者、主要风险等与项目投资有关的全部信息需求；②提供项目发布者的项目信息发布功能，以格式化的模板上传或填写项目信息资料，同时为项目发布者推荐可能感兴趣的用户和活动，为其建立圈子深度探讨合作提供帮助；③类似威客机制，将围绕该项目所需要的各类服务和能够且愿意提供相应服务的机构之间的供需信息透明化，建立第三方服务的需求与供给发布和匹配机制，平台帮助撮合提供整合协同的投资服务。

（五）一站式合作情报数据库：①建立合作情报模板数据库，包括合作情报名称、概要描述、主要作者、版权版本信息、出售价格、支付方式等，提供新建、维护和管理合作情报模板功能，该功能仅对平台管理者授权；②用户利用合作情报模板建立合作情报的功能，包括输入、编辑、更新、维护、出售等操作，销售收入按照比例分成原则同时支付给平台和用户；③建立合作情报数据库，为每份合作情报存档，记录提供者、情报内容、情报浏览者、情报购买、情报评价反馈等信息；④建立合作情报供给—需求模型，为每份合作情报提供自动推荐功能，让需要的人更容易找到。

未来平台将引入区块链技术，以中非国家为主，扩展到一带一路国家甚至全球，语言方面支持1000万人口以上的语种，先是汉语，然后将翻译看成一项服务，扩展到英语和其他语种，为建立可信、可靠、安全、智能、高效的全球经贸体系而贡献微不足道的探索。

毫无疑问，目前研发设计的平台可能还存在过于理想、过分繁杂、难以协同等各式各样的问题，需要根据实际情况和运营做出这样那样的调整，从而使得平台更具有生机和活力。作者坚信的是，平台设计中蕴含的理念和平台背后隐含的理想世界值得追求。正基于此种考虑，本书将平台的设计研发成果进行公开，希望能够以此作为一个契机，聚合越来越多的志同道合者，共同努力推动形成一个公平、安全、可信、可靠、高效的智慧化全球交易市场，同时这也是“协同”两字的另一类实践。

作者　段文奇

二〇一八年一月一日，文殊阁

目录

第1章
中非商贸投资协同服务平台建立的背景

1.1 全球经济运行大趋势

经济复苏以来，全球经济活动的增长正在加强。2017年全球经济增长率预计将上升至3.6%，2018年将达到3.7%。欧元区、日本、新兴亚洲、新兴欧洲和俄罗斯等国的经济增长普遍向上修正，2017年上半年的增长结果比预期要好，抵消了美国和英国的下调。但经济复苏尚未完成，虽然基线正在加强，但许多国家的经济增长依然疲软，大多数发达经济体的通货膨胀率低于目标。大宗商品出口国，尤其是燃料出口国，在大幅调整和削减外汇收入的过程中，受到了极其严重的打击。①

尽管短期风险总体上是平衡的，但中期风险仍偏向于下行风险。因此，在全球活动中可接受的周期性回升，为解决关键政策挑战提供了一个理想的窗口，即在确保其收益得到广泛共享的同时，提高潜在产出，并增强抵御下行风险的弹性。要解决全球经济一体化面临的共同挑战，还需要各国之间的多边努力。

全球经济复苏势头从2016年下半年开始，在2017年上半年进一步增强。预

① World Economic Outlook，October 2017 Seeking Sustainable Growth：Short-Term Recovery，Long-Term Challenges. International Monetary Fund https://www.imf.org/en/Publications/WEO/Issues/2017/09/19/world-economic-outlook-october-2017.

计 2017 年和 2018 年新兴市场和发展中国家的经济增长将会加强，良性的全球金融环境和经济复苏，这些外部因素的改善，支撑着发达经济体的增长。中国和其他新兴亚洲国家的经济增长依然强劲，拉丁美洲、独立国家联合体和撒哈拉以南非洲地区的几个大宗商品出口国的经济有一些改善的迹象。在发达经济体，2017 年经济的显著增长是普遍的，在美国和加拿大、欧元区和日本的增长更为强劲。然而，中期增长的前景更为温和，因为负产出缺口缩小(导致周期性改善的空间更小)，人口因素和生产率疲弱拖累了潜在增长。

1.1.1 全球经济复苏仍在继续且步伐加快

与 2016 年年初的情况截然不同，当时世界经济面临增长放缓和金融市场动荡。我们看到欧洲、中国、日本、美国以及新兴亚洲的经济周期性上涨在加速。

对 2017 年来说，我们大部分的升级都是为了发达经济体的前景更加光明，而到了 2018 年的正面调整，新兴市场和发展中经济体则发挥了比较大的作用。值得注意的是，我们预计过去两年人均收入增长平均停滞的撒哈拉以南非洲地区的经济发展状况将在 2018 年全面改善。

目前的全球加速也是值得注意的，因为它的基础比较广泛，而且比本世纪开始以来的任何时候都要广泛。这个广度为将来支持经济增长和提高经济复苏的雄心勃勃的政策提供了一个全球性的机遇环境。

1.1.2 全球性问题需要各国多边行动

世界经济增长放缓以及国际局势的不断变化，促使各国在以自身利益最大化为目标的情况下进行国际合作。各国互利合作的重点包括：加强全球贸易体系建设、进一步完善金融监管、加强全球金融安全、减少国际避税、防治饥荒和传染病、在温室气体排放造成更不可逆转的损害之前减少排放，以及帮助一些能够适应气候变化、且其本身不是温室气体大量排放国的较贫穷国家。随着全球经济的向好发展，发达经济体和新兴经济体经济增长势头明显，所以现阶段正是各国应对全球性问题进行国内改革的理想时机，有利于进一步促成国际合作。各国恰好借着世界经济的发展趋势采取相应措施，有效达成多边合作。

1.1.3 世界贸易面临挑战

在世界货币基金组织发布的 2017 年年报中，由基金组织、世界银行和世界贸易组织联合撰写的贸易调整中指出：要让贸易成为所有国家经济增长的引擎。促进贸易和实施政策加快调整的原因是 20 世纪后半叶，贸易一体化的加深推动了发达经济体和发展中经济体的经济增长。然而，自 21 世纪初以来，贸易、生产率和收入的增长步伐已放缓，使得许多人未受惠到增长带来的好处，发达经济体的情况最为明显。通过实施恰当的政策，各国能够从贸易中受益，提升那些未受惠到贸易好处的人们的生活水平，并提高经济整体的弹性和表现。

1.1.4 合作与发展是世界经济发展的主旋律

国际间经济合作形式升级，产能的全球合作是国际经济合作形式升级的必然结果。商品贸易转向服务贸易；产业间贸易转向产业内贸易；商品输出转向资本输出；资源国内配置转向资源全球配置。大多数非洲国家正处在工业化起步阶段，对钢铁、水泥等产品需求旺盛，基本全部依赖进口，因此渴望引进这些产能，加快工业化步伐。

基于以上全球经济发展的趋势，可以发现中国与非洲之间的交流也必须通过合作与发展来实现，这也是百年来中国与非洲之间国际交往的共同主题。非洲有丰富的人力和自然资源，中国则拥有资金、设备、技术、管理经验、人才等。此外，非洲东道国产能需求强烈，需与外部世界进行合作也是推动中非产能合作的重要动因。

2013 年，中国向世界发出共建“丝绸之路经济带”和“21 世纪海上丝绸之路”的重大倡议。中非商贸投资协同服务平台的设计者紧紧抓住时代机遇，在“一带一路”倡议的引领下，凭借对世界经济的洞察、专业知识的深入研究、管理创新的积极实践，全面参与“一带一路”建设，创造和开辟新的发展空间；凭借开放发展的先发优势，积极应对全球贸易寒冬，勇于开拓市场；凭借我国民营经济发展的优势，开展国际产能合作；凭借向东直面“海上丝路”、向西通达“陆上丝路”的区位优势，建立起一个互联、共赢、共享的新平台。

1.2 中非经贸合作发展现状

中国经过四十年的改革开放和实践探索,走向了世界经济发展的前端。近年来,国际产能合作成为中国向周边其他国家、非洲国家和国际社会提供公共产品,对世界和平与发展做出重大贡献的重要举措,也是中国践行合作共赢的重要体现。

非洲作为我国重要的投资伙伴和贸易地区,拥有巨大的资源储量、强劲的经济增长速度和日益增强的购买力。尤其是当前非洲国家普遍谋求推进工业化和现代化,中国政治实施经济结构调整和产业升级,双方开展国际产能合作是恰逢其时,拥有极为广阔的合作前景。

1.2.1 中非贸易合作现状

中国已经连续九年成为非洲第一大贸易伙伴国,2014 年中非贸易额达到 2200 亿美元,是 2000 年中非合作论坛启动时的 22 倍(100 亿美元),中国占非洲对外贸易总额达到 20.5%。

2015 年 9 月,国家主席习近平同志主持联合国峰会时宣布,中国将设立“南南合作援助基金”,首期提供 20 亿美元支持发展中国家落实 2015 年后发展议程。在 2015 年 12 月的南非约翰内斯堡峰会上,习近平主席同非洲领导人一致同意将中非关系提升为全面战略合作伙伴关系,不断夯实中非关系。截至 2016 年 3 月,中国已经和 20 多个非洲国家对接,积极落实峰会成果,一批早期收获项目已经落地或者即将落地,中非产能合作基金也已经启动运行。

2017 年是落实中非合作论坛约翰内斯堡峰会上提出的中非“十大合作计划”的关键之年。2017 年一季度,中非贸易额同比增长 16.8%,达到 388 亿美元,中国企业对非洲非金融类直接投资同比增长 64%,金额超过 7.5 亿美元。中国企业在非洲新签订承包工程合同额 134 亿美元,完成营业额 94 亿美元。截止到 2017 年 10 月,我国与非洲进出口总额达 135.2 亿美元,同比增长 14.5%,环比降低 4.7%。其中,我国对非出口 75.4 亿美元,同比降低 1.5%,环比增长 0.3%;自非进口 59.8 亿美元，同比增长 44.0%，环比降低 10.3%。贸易逆差 15.6 亿美元，同比降低 55.5%。1—10 月，我国对非贸易涨幅仅次于大洋洲和拉丁美洲，进口涨幅最为显著，高出我国同期外贸进口涨幅 18.6 个百分点。

与此同时，2017 年上半年，中非经贸合作主要呈现以下三大亮点：

（1）贸易回升，投资走高。贸易方面，1—6 月，中非贸易额 853 亿美元，同比增长 19%，扭转了 2015 年以来的负增长态势。其中进口增长 46%，达 384 亿美元，出口增长 3%，达 470 亿美元。我国与非洲地区前三大贸易伙伴南非、安哥拉、尼日利亚的贸易额同比分别增长 28%、67%、22%。投资方面，1—6 月，中国企业对非洲非金融类直接投资流量 16 亿美元，同比增长 22%，其中对埃塞俄比亚、赞比亚、肯尼亚、吉布提等国投资额超过 1 亿美元。

（2）进出口商品结构进一步优化。进口方面，能矿产品进口量价齐升，机电产品、化工产品、农产品进口金额分别增长 22%、3.5%、5%，其中水果、咖啡进口金额增幅较大，分别增长 151%、77%。出口方面，我国对非机电产品、轻纺类产品、电子技术产品出口保持不同幅度增长，其中交通工具出口成为我国对非出口的新亮点，船舶、机车车辆、航空航天器材出口增幅分别达到 200%、161%、252%。

（3）大项目稳步持续推进。蒙巴萨—内罗毕铁路 5 月正式竣工通车，是采用中国标准、中国技术、中国装备制造和中国管理经验建造的国际干线铁路；中国企业在纳米比亚开发的铀矿产出首桶铀，将成为世界第二大在产铀矿；湖南省与埃塞俄比亚共建的阿达玛装备制造工业园准备开工，占地 1.22 平方公里，一批国内龙头企业拟入园投资。

自 21 世纪以来，中国同非洲国家之间的商贸往来愈加频繁，经贸合作关系愈加紧密，良好的经贸合作对两地的经济发展都起到了非常重要的推动作用。2017 年是中非“十大合作计划”落实的关键之年，各级各部门将继续围绕“十大合作计划”落实工作，做好对非经贸工作，以更多、更大的合作成果，推动中非经贸合作，实现新发展、新突破、新提高。

1.2.2 中非跨境电子商务发展现状

随着互联网技术的不断普及和电子商务行业的日益创新，跨境电子商务异军突起，规模快速增长，逐渐成为中国未来对外贸易的新希望和电子商务发展的突破点。据商务部数据，2016 年中国进出口跨境电商（含零售及 B2B）整体交易规模达到 6.3 万元。预计 2017 年，占比规模将提升至 23.1%，可见我国跨境电商行业之火热、发展之快、需求之广。

目前，跨境电子商务不仅在欧美、东南亚等地快速发展，也已经延伸到广阔的非洲地区，逐渐被当地政府和民众接受，尤其是随着欧美经济陷入疲软，拓展非洲市场已经成为全球资本的共识。随着非洲各个国家政治趋于稳定，区域经济开始稳步增长，民众对电商的需求日益凸显，这都成为非洲发展跨境电商的重要基础。

基于以上发展现状，中国跨境电商企业积极参与中非产能合作，主要以搭建跨境电子商务沟通服务平台为依托，以面向非洲国家输送中国优质、富于产能的产品为宗旨，以促进双边合作共赢共同发展为目的。目前，我国已有诸多面向非洲国家的跨境电商重量级企业，如：阿里巴巴集团、义乌购、Amanbo 聚焦非洲跨境立体电商平台、Kilimall 中非跨境电商平台、“Afrindex·中非商道” 中非贸易撮合交易平台、中非桥跨境贸易平台等。

1.2.3 中非产能合作面临的主要问题

中非产能合作在中非合作论坛、“一带一路”倡议的推动下，合作发展迅速，建立起了较强的经贸基础，在海外建立了众多工业园区，如埃塞俄比亚东方工业园、海信南非家电工业园等。但是，在合作飞速发展的同时，中国企业也面临着一些制约其进一步发展的瓶颈，不少企业在非洲因政策等方面原因摔过跟头。如浙江巨石集团曾在南非遭遇反倾销调查，南非法院判决对巨石集团征收高达 31.81%的反倾销关税。

1. 中非合作的体制机制还不健全

随着中非两国友好合作的进一步发展，国家出台了众多有利于两国经贸合作的政策和指导意见,但这些政策落实往往存在一定的难度和时间上的滞后性。下达到各省市各级政府进行执行和落实，行政审批体制复杂，缺乏效率和透明度,在投资审批、外汇管理等方面存在着诸多制约。尽管近年来国家对境外直接投资管理体制不断进行改革,但是除了简化前置审批之外,事中、事后监管体制机制却没有及时建立起来,已有的政策执行效果也较差。

由此可见,中非经贸合作中信息服务网络、统计监测反馈系统等支撑服务体系建设严重滞后,不利于政府对两国合作进行总体部署和调整,难以及时发布风险预警;同时,对企业来说,也缺乏管理信息系统来规范各个主体的行为。

2. 中非合作的外部环境有待改善

非洲如今正在走城镇化道路,与我国 20 年前的城镇化有着相似之处。支援非洲建设,是互利共惠、共同发展的重要机遇。而一些不怀好意的西方媒体恶意将中国和非洲国家的友好合作与“新殖民主义”相提并论,夹杂着许多负面声音,在舆论上抹黑中国。

这些宣传和对中国的抹黑，在一定程度上影响了中国企业在非洲的市场开拓和商贸往来,贸易环境受到损害,增加了产能合作的交易成本和风险。因此,市场中急需一个贯穿中非两国,并能够给予非洲民众正面中国印象的桥梁,使得双方的合作与交往向着利好方向前进。

3. 非洲国家急需加速工业化发展进程

非洲大多数国家工业化水平非常落后,整体工业化处于初级阶段。非洲仍然是世界上工业化最不发达的大陆，非洲工业生产只占全球工业生产不到 1%的份额,在全球产业链中处于边缘化地位,只有南非、尼日利亚、肯尼亚、埃及等少数国家启动了工业化进程。2014 年联合国工业发展报告指出,如果按照工业化水平来划分,非洲尚无实现工业化的国家,只有毛里求斯、南非、突尼斯三个国家是较为突出的“新兴工业经济体”,其余非洲国家均为“发展中的工业经济体”或者是“不发达工业经济体”。

然而,尽管世界经济踌躇不前,但是非洲经济却呈现出旺盛活力,保持平稳较快增长势头。由于历史原因和国际政治经济秩序影响,非洲国家普遍工业化程度较低,工业产品需求基本依赖进口。为了改变依赖初级产品和自然资源出口的经济发展模式，非洲国家正在积极推进工业化进程，以提升经济发展品质，创造就业、改善民生、增加税收，最终实现经济独立和国家更好的发展。非洲国家也热情期望在中国新一轮产业结构调整的大潮中加强与中国各个省份和地区的产业合作，在承接中国的优质与富余产能的过程中推动非洲的工业化发展和技术进步。非盟制定的《2063年议程》及其第一个十年规划，明确提出要重点发展制造业，加快非洲工业化进程。

4. 中非贸易增长减速和结构失衡

中非贸易投资在经历了十多年高速发展后，受世界经济大环境等因素影响，2015年首次出现了下降态势。2015年，中非贸易额为1790亿美元，较上年下降19.34%。其中，中国自非洲的进口额为703.66亿美元，同比下降更是高达39.24%，中国从非洲进口增长乏力。中国流向非洲对外直接投资29.8亿美元，同比下降7%，占当年对外直接投资流量的2%。截至2015年末，中国在非洲地区的投资存量为346.9亿美元，占中国对外投资存量的3.2%。[①]

当前，中非贸易出现了增长减速、结构失衡的新特征。中国对非洲原材料以及油气等大宗商品的需求下降，意味着中非经贸合作需要从以往的“商品输出时代”向更为高级的“产能合作＋资本输出时代”升级。

1.3 国家政策号召

中国经济不断发展向前，近几年已经取得了显著成就，并且中国综合国力提升，逐步登上了世界舞台。与此同时，中国的对外交往进一步深入，与欧美国家及非洲、亚洲的发展中国家等开展紧密合作，进一步推动对外关系的发展。加之，二十国集团峰会、“一带一路”高峰论坛、中非合作论坛、APEC会议等大型国际会议相继在中国举办，再一次将中国的经济发展和对外合作推向新高潮。

此外，中非关系在我国对外关系中具有特殊的战略地位。近年来，中非在优势互补、共同发展、合作共赢等方面取得了显著成效，未来合作前景也非常广阔。

① 中华人民共和国商务部：《2016中国对外投资合作发展报告》，2016年。

我国领导人高度重视深化中非合作，国家主席习近平和国务院总理李克强在多个场合都提出要推动中非新型战略伙伴关系再上新台阶、取得更大进展。

1.3.1 国家的发展方略、趋势

为进一步加强中国与非洲国家在新形势下的友好合作，共同应对经济全球化挑战，谋求共同发展，在中非双方共同倡议下，中非合作论坛正式成立。论坛已举办了六届部长级会议和一次中非合作论坛约翰内斯堡峰会成果落实协调人会议，每一届会议中双方都确定了合作协议框架和相关的纲领性文件，为中国与非洲国家发展长期稳定、平等互利的新型伙伴关系确定了方向。

2000 年，中国政府宣布实施减免非洲重债穷国和最不发达国家 100 亿元人民币债务和设立“非洲人力资源开发基金”等举措。2003 年中国政府宣布在论坛框架下继续增加对非援助，3 年内为非洲培养 1 万名各类人才以及给予非洲部分最不发达国家部分输华商品免关税待遇等举措。2006 年胡锦涛主席代表中国政府宣布了旨在加强中非务实合作、支持非洲国家发展的 8 项政策措施，包括增加对非援助、提供优惠贷款和优惠出口买方信贷、设立中非发展基金、援建非盟会议中心、免债、免关税、建立经贸合作区、加强人力资源开发以及教育、医疗等领域的合作。2009 年温家宝总理在开幕式上代表中国政府宣布了对非合作新 8 项举措，涉及农业、环境保护、促进投资、减免债务、扩大市场准入、应对气候变化、科技合作、医疗、教育、人文交流等方面。2012 年胡锦涛主席代表中国政府宣布了今后 3 年在投融资、援助、非洲一体化、民间交往以及非洲和平与安全等五大领域支持非洲和平发展、加强中非合作的一系列新举措。在 2015 年的约翰内斯堡峰会上习近平主席宣布未来三年中方将着力实施“十大合作计划”，为确保“十大合作计划”顺利实施，中方决定提供总额 600 亿美元的资金支持，包括：提供 50 亿美元的无偿援助和无息贷款；提供 350 亿美元的优惠性质贷款及出口信贷额度，并提高优惠贷款优惠度；为中非发展基金和非洲中小企业发展专项贷款各增资 50 亿美元；设立首批资金 100 亿美元的“中非产能合作基金”。

中国政府针对中非合作提出了相应的政策措施，包括资金、商品、贸易、技

术、人才培养、教育、医疗等多个领域，这些举措无不说明我国在对非工作上投入的力量与心血。由此可以清晰地看出国家在对非工作上的开展方略，以及中非合作的未来发展趋势，为中非商贸投资协同服务平台的建立奠定了良好的基础。

1.3.2 政府经济政策导向

2017 年是中非“十大合作计划”落实的关键之年，我国政府相关部门围绕“十大合作计划”落实工作，做好对非经贸工作，积极落实合作成果，推动中非经贸合作，实现新发展、新突破、新提高。

2017 年上半年，非洲经济回暖迹象明显，联合国非洲经济委员会预计，2017 年非洲经济将增长 3.2%，较上年提高 1.7 个百分点。与此同时，中非双方加快推进中非“十大合作计划”，政策资金红利不断释放，政府间经贸互访频繁，重大经贸合作项目持续推进，中非贸易和投资合作集聚新动能，实现新发展。

1. 国家大力支持国际产能合作

李克强总理提出：“通过国际产能合作，将中国制造业的性价比优势同发达经济体的高端技术相结合，向广大发展中国家提供‘优质优价’的装备，帮助它们加速工业化、城镇化进程，以供给创新推动强劲增长。”可见，开展国家产能合作，实现资源自由流动、市场贯通融合、成果广泛共享，是改变当前世界经济发展不平衡、资源配置不公平现状的有效途径。

2015 年 5 月国务院发布《关于推进国际产能和装备制造合作的指导意见》，提出力争到 2020 年，与重点国家基本建立产能合作机制，一批重点常年合作项目取得显著进展，形成若干产能合作示范基地。

2. “一轴两翼”布局推动合作进程

2015 年以来，国家发展改革委牵头开展对外合作，加快形成“一轴两翼”合作布局。“一轴两翼”以我国周边重点国家为“主轴”，以非洲、中东和中东欧重点国家为“西翼”，以拉美重点国家为“东翼”，拓宽我国发展空间，促进各国互利共赢。

（1）周边产能合作率先推开。与哈萨克斯坦开展产能合作对接，形成第七轮早期收获项目清单，涉及 52 个项目 241 亿美元，树立可复制、可推广的双边产能合作样板。与俄罗斯、巴基斯坦、印尼、马来西亚、泰国、老挝、缅甸等国家快速推进产能合作,并以经济走廊建设为依托,促进国际产能合作理念在周边国家落地生根。

(2) 中非产能合作提速加力。在"一轴两翼"布局下,中非产能合作突飞猛进,在埃塞俄比亚打造城中非产能合作示范承接地,聚焦南非、肯尼亚、坦桑尼亚、埃及等重点国家,共建铁路、公路、航空"三大网络",结合非洲工业化进程,支持各类产业集聚区建设,推动装备和产能集群式"走出去"。

(3) 中欧产能合作创新发展。着力将我国优势产能与欧洲发达国家关键技术、第三国发展需求相结合,开展第三方市场合作,实现三方共赢,提升产能合作的水平和层次。统筹推进中欧合作和中国—中东欧国家"16+1"合作,推动我国装备和产能进入欧洲市场。

(4) 中拉产能合作快步开展。按照中拉产能合作"33"新模式,以物流、电力、信息等领域重大项目为抓手,充分发挥企业、社会、政府等各方积极性,畅通基金、信贷、保险等融资渠道,聚焦巴西、秘鲁等重点国家,推动中拉产能合作迈上新台阶。

3. 建立多边产能合作机制

我国牵头与 17 个国家开展了机制化的双边产能合作,组织政策对话和项目对接,并正在与有关国家加紧商签共同推进产能合作框架协议,搭建了各部门、各地区统一对外工作平台。对接东盟、非盟、欧盟、拉共体等区域组织,借助多边舞台推动产能合作。与法国、韩国等发达经济体建立第三方合作机制,与西班牙、德国等多个国家就开展第三方合作达成共识。

4. 提供多渠道资金支持

推进国际产能合作既要充分发挥市场作用,也要更好发挥政府作用。国家发展改革委会同有关部门,积极推动《国务院关于推进国际产能和装备制造合作的指导意见》确定的规划、财税、金融、信息、标准等各项政策措施扎实落地。同时,坚持问题导向,聚焦融资瓶颈这一企业反映最集中的突出难题,协调推动有关部门和机构在完善财税支持政策、发挥优惠贷款作用、拓宽外汇储备使用渠道、增强开发性金融和政策性银行服务能力、强化出口信用保险作用的基础上,持续加大对国际产能合作的资金支持力度。

(1) 多渠道设立系列双多边合作基金。丝路基金已支持多个项目，并出资设立中哈产能合作基金。中拉产能合作基金正式设立并支持首个项目。中阿(阿联酋)共同投资基金已经设立。中法、中巴(巴西)、中欧、中非等多支基金正在抓紧设立。一系列双边多边产能合作基金的设立，将为我国产能和装备走出去提供有力支持。

(2) 支持企业和金融机构境外发债融资。改革企业发行外债管理，发挥企业境外发债对国际产能合作的促进作用。自2015年9月中旬实施改革至12月底，已登记企业境外发债金额约560亿美元，一半以上外债资金支持大型金融机构和核电、汽车、高技术等领域重大项目。支持开发银行、进出口银行分别赴境外发行80亿美元、30亿美元债券，重点用于支持国际产能合作项目。

1.3.3 中非合作基础良好

早在公元前10世纪，远隔重洋的中非两国人民就开始了民间贸易。丝绸之路开通，埃及法老、权臣贵胄以穿中国的丝绸衣服为荣。郑和也曾四次寻访非洲，将华夏物产和文化带入非洲，将异域风情和特产带回中国，两大文明相通相融。1949年，新中国的诞生掀开了中非关系的新篇章，一大批独立的非洲国家与我国建立友好关系。我国历任领导人都十分重视发展与非洲国家的关系，多次访问非洲，接见非洲国家代表。向非洲国家派遣医疗队提供医疗援助，接受非洲留学生，提供中国政府奖学金。非洲国家对我国也给予了大力支持，坚定地与我国站在一起，支持我国维护国家主权和祖国统一的正义事业。在历史发展的长河中，中非历来是命运共同体，互相支持与合作，缔造和培育了深厚的友谊，尽管国际风云变幻，但中非友好始终如一，同呼吸、共命运，堪称南南合作的典范。

1. 中非经贸活动频繁

在"一带一路"倡议、中非合作论坛等战略政策的共同推进下，中非经贸活动频繁，尤其是近些年来，双方贸易总额逐年增长(如图1-1所示)。

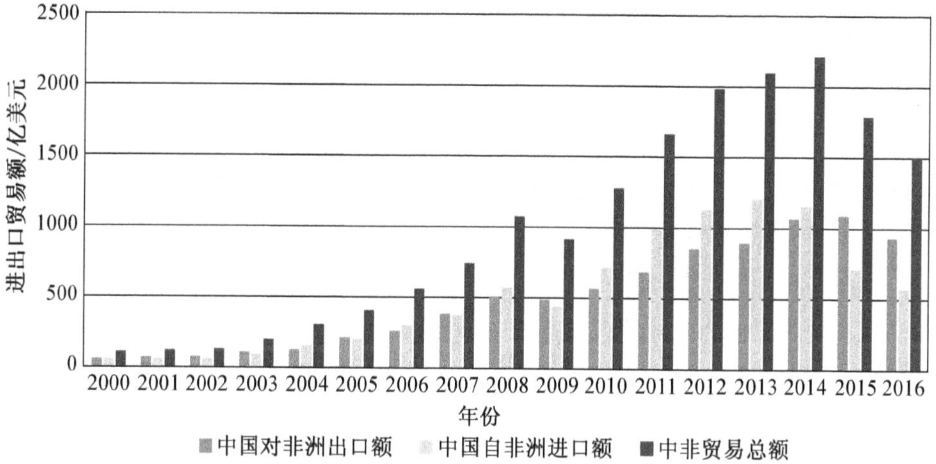

图 1-1　2000—2016 年中非进出口贸易数据

数据来源:国家统计局、中国海关总署

2015 是中非合作论坛成立 15 周年。15 年来,在论坛各项举措的带动下,中非经贸合作全面快速发展。2014 年,中非贸易额达到 2220 亿美元,是 2000 年的 21 倍,中国已经连续六年成为非洲的第一大贸易伙伴国。此后,在"一带一路"框架下,中国装备制造业"走出去"持续推进,2016 年中国与非洲国家贸易额达 1492 亿美元,中国有望连续八年成为非洲第一大贸易伙伴国。

2. 中非双边经贸关系快速发展

目前,中非双边货物贸易已突破 2000 亿美元。中国对非洲的直接投资规模持续扩大,投资领域从传统的农业、采矿、建筑等,拓展到资源产品深加工、工业制造、金融、物流、地产等。

2016 年,中国企业在非洲新签承包工程合同额 820 亿美元,同比增长 8%,完成营业额 521 亿美元,非洲是中国企业对外承包工程的第二大市场。

3. 中国为非洲提供了大量资金支持

2014 年中国对非洲的投资存量已经超过 300 亿美元,这是 2000 年中非合作论坛启动时的 60 倍,近年年均增速保持在 20%以上。迄今已有 3000 多家中国企业在非洲投资兴业,2015 年中非人员往来就超过了 360 万人次。2016 年,中国对非洲非金融类直接投资流量 33 亿美元,覆盖建筑业、租赁和商务服务业、采矿业、制造业、批发和零售业等多个领域。

此外，作为对非务实合作八项举措之一的中非发展基金在成立 10 年以来，带动中国汽车、电器、机械、水泥、玻璃等优势产能赴非投资，每年为非洲市场提供中重型卡车 1.1 万辆、空调 30 万台、冰箱 45 万台、电视 56 万台及水泥 160 万吨，为非洲经济增长提供持续动力。

截至 2017 年 4 月，中非发展基金已累计确定对 90 个非洲项目投资 44 亿美元，涉及基础设施、产能合作、农业民生和资源开发等领域。这些项目全部实施后，可带动中国企业对非洲投资超过 200 亿美元。

4. 中国大力支持非洲农业发展

发展现代农业、提升农业发展水平和发展能力是非洲实现粮食安全、保障经济发展的重要途径。非洲《2063 年议程》《非洲农业综合发展计划》都将提高农业生产率、促进粮食本土化生产、发展现代农业和保障粮食安全作为重要发展方向，提出 2063 年完全消除饥饿和食物短缺的发展目标。

中国支持和鼓励中国企业扩大对非洲农业领域的直接投资额。中方将同非洲分享农业发展经验，转让农业适用技术，鼓励中国企业在非洲开展大规模种植、畜牧养殖、粮食仓储和加工。在非洲建设农业技术示范中心，并派遣大量农业专家开展技术合作，建立中非农业科研机构“10+10”合作机制；对进口非洲农产品实行零关税等。

5. 中国不断加强对非援助

中国对非援助项目遍及非洲的 50 多个国家，在非援建了 2000 多公里的铁路、3000 多公里的公路、建立了 100 多所学校、60 多所医院，并减免了数百亿人民币的债务。2014 年 3 月西非爆发埃博拉疫情，中国政府率先紧急驰援，累计向疫区及周边共 13 个国家提供 4 轮总价值超过 1.2 亿美元的援助，派遣了 1200 多名医护人员，为塞拉利昂援建固定生物安全实验室，为利比亚援建治疗中心，为疫情国和周边国家培训医护及公共卫生人员 1.2 万人次。

中非两国在人文交流方面达成长远和可持续发展的共识。中方将支持和促进中非双方文化艺术、新闻媒体、学者智库、民间组织、青年、妇女和工会等开展交流与合作。援建 5 所文化中心，为非洲 1 万个村落实施收看卫星电视项目；为非洲提供 2000 个学历学位教育名额和 3 万个政府奖学金名额;每年组织 200 名非洲学者访华和 500 名非洲青年研修; 每年培训 1000 名非洲新闻领域从业人员;支持开通更多中非直航航班,促进中非旅游合作。

此外,中国参与多项联合国在非维和行动,同时积极参与维护非洲相关海域航道安全,大力开展对非洲国家的维和与军事合作。

总体来看,深化中非合作要坚持问题导向,切实解决当前中非合作中存在的合作平台少、成果落实难等问题。经贸合作是基础,互利共赢是原则,正如习近平总书记致电祝贺非洲联盟第二十三届首脑会议时指出的那样,“中非友好合作事关 23 亿人口的福祉,也有利于促进发展中国家团结合作。”为此,我们建议搭建中非商贸协同服务平台,作为中非合作的载体,为深化中非合作注入新的动力和活力。

1.4 中非商贸投资协同服务平台建立的优势

中非商贸投资协同服务平台是由浙江师范大学经济与管理学院、中非国际商学院副院长段文奇教授设计,带领团队进行研发推进、运营推广的综合性一站式服务平台。在世界经济走势以及国家政策号召的背景下,团队首创了这一服务于中非经贸文化交流与往来的平台,平台具有地缘优势、政策保障、资源支撑等优势条件。

1.4.1 地缘优势

2016 年,中国与非洲国家贸易额达 1492 亿美元,其中对非洲出口 923 亿美元,从非洲进口 569 亿美元,中国有望连续第八年成为非洲第一大贸易伙伴国。中非商贸投资协同服务平台的主体——浙江师范大学经济与管理学院、中非国际商学院,坐落于历史名城浙江金华,在经济、贸易、文化等领域的发展都处在全国前列,不论是浙江省还是金华市,都拥有着极为有利的地缘优势。

1. 浙江省是非洲的重要贸易伙伴

浙江省作为制造业大省,恰好能够对接非洲地区的工业化进程。目前,浙江与非洲正在开展产业对接和产能合作，互有需要、互有优势、互为机遇，有助于浙江与非洲合作共赢、共同发展，进而促进世界更加均衡、稳定与繁荣，让中非和世界人民都受益，可谓是一举多得。

同时，浙江省“十三五”规划进一步提出：“扩大国际优势产能和装备制造合作，以‘一带一路’沿线国家为重点，充分发挥沿线国家浙籍侨商的作用，加快境外经贸合作区全球布局，建设境外产业集聚区，推动优势产能在境外集群发展。”浙江省各级外贸部门把技术援助同经济援助与合作紧密结合起来，浙江除了家电、小商品、服装纺织、基础设施建设等优势产能能够为非洲带来红利外，也向非洲输入了大量的技术人员和管理人才。

也正是因为这样的举措，为中非商贸投资协同服务平台的建立带来了优势条件，平台的建立也能够更好地服务于浙非产能合作。

2. 金华及周边地区配套服务全面

金华市位于浙江省中部，与上海、江苏、江西、安徽、福建等省市联系均密切。2016 年金华市建设金义综合保税区，包含多项配套服务，服务于国家“一带一路”倡议和周边地区的经贸发展，也为中非商贸投资协同服务平台的建设奠定了有力的基础。

国家主席习近平 2015 年 12 月在约翰内斯堡出席中非领导人与工商界代表高层对话暨第五届中非企业家大会闭幕式时发表题为《携手共进，谱写中非合作新篇章》的讲话，特别提到浙江省义乌这个世界“小商品之都”。义乌作为全球最大的小商品市场，与轻工业不发达、日用消费类产品比较缺乏的非洲有着很强的供求互补性，现在有几千名非洲商人常住在义乌从事中非贸易，义乌连续多年成为浙江对非贸易龙头县区市。根据义乌市海关统计数据显示，2015 年义乌市出口非洲地区小商品价值 492.1 亿元，贸易额同比增长 50.9%，远高于全省平均水平。非洲已成为中国最大小商品市场外贸发展的新引擎。同时，2015 年义乌从非洲国家累计进口 6.1 亿元，同比增长 65.3%。2010 年 10 月，义乌国际商贸城设立了国内首个“非洲产品展销中心”，成为众多非洲客商展示和销售非洲特色产品的聚集地，有来自非洲 29 个国家和地区的 5000 余种商品，把非洲的商品和文化带到义乌，再通过义乌成熟的市场网络输入到全国各地。

此外,金华市还拥有东阳、永康等世界知名城市。东阳横店影视城,每年吸引大量的海内外游客,在旅游业方面做出了突出贡献;永康五金以物美价廉闻名,生产并出口的各门类产品也获得好评。

1.4.2 政策保障

在中非合作论坛框架及“一带一路”倡议的背景下,中非之间有着坚固的合作基础和潜力,双方都有促进产业合作的意愿,并为产能对接制定了国家战略。

1. 中非合作论坛成效显著

2015 年,中非合作论坛成立 15 周年,中非各领域合作成效显著,习近平总书记在峰会上的讲话掀起了中非合作伙伴关系的新篇章,并提出了两国之间合作发展的新思路。

(1)中非关系“五大支柱”。习近平在中非合作论坛约翰内斯堡峰会开幕式上致辞时强调,在当前世界经济格局的发展情况下,各国面临前所未有的发展机遇,但同时,也面临着霸权主义、恐怖主义、金融动荡、环境危机等挑战。因此,中方将秉持真实亲诚对非政策理念和正确的义利观,同非洲朋友携手迈向合作共赢、共同发展的新时代。此次会议将中非新型战略伙伴关系提升为全面战略合作伙伴关系,并提出要为此做强和夯实“五大支柱”:一是坚持政治上平等互信;二是坚持经济上合作共赢;三是坚持文明上交流互鉴;四是坚持安全上守望相助;五是坚持国际事务中团结协作。

中非关系“五大支柱”不断夯实,从五个方面为中非双方的对外交往提供了基本准则。“五大支柱”为中非商贸投资协同服务平台的发展指引了方向,也使得平台能够更好地为两国经贸、文化事业服务。

(2)中非“十大合作计划”。为推进中非全面战略合作伙伴关系的建设,中方同非方重点实施“十大合作计划”:一是中非工业化合作计划;二是中非农业现代化合作计划;三是中非基础设施合作计划;四是中非金融合作计划;五是中非绿色发展合作计划;六是中非贸易和投资便利化合作计划;七是中非减贫惠民合作计划;八是中非公共卫生合作计划;九是中非人文合作计划;十是中非和平与安全合作计划。

为推动“十大合作计划”的顺利发展，我国在资金、优惠政策等方面给予了相应的支持，提出要进行合作平台建设、推动电子商务合作，这些政策都为中非商贸投资协同服务平台提供了保障与支撑。

2. “一带一路”建设进入新高潮

2013 年下半年，中国国家主席习近平在出访中亚和东南亚国家期间，先后提出共建“丝绸之路经济带”和“21 世纪海上丝绸之路”的重大倡议，得到国际社会的高度关注。2015 年 3 月，中国政府发布《推动共建丝绸之路经济带和 21 世纪海上丝绸之路的愿景与行动》，提出“一带一路”建设是开放的、包容的，欢迎世界各国和国际、地区组织积极参与，得到了国际社会的广泛认同与积极响应。

在 2017 年“一带一路”国际合作高峰论坛上，这一倡议在对外合作目标、原则、举措等多个方面提出了相应的规划安排，要推动政策沟通、设施联通、贸易畅通、资金融通、民心相通。要加强对话协商，促进各国发展战略对接，促进欧洲、亚洲、南美洲、非洲等地区之间伙伴关系的努力；加强创新合作，支持电子商务、数字经济、智慧城市、科技园区等领域的创新行动计划，鼓励在尊重知识产权的同时，加强互联网时代创新创业模式交流；深化经贸合作，维护多边贸易体制的权威和效力；推动贸易投资自由化和便利化，让普通民众从贸易中获益；通过培育新的贸易增长点、促进贸易平衡、推动电子商务和数字经济等方式扩大贸易；加强人文交流和民间纽带，深化教育、科技、体育、卫生、智库、媒体以及包括实习培训在内的能力建设等领域务实合作等。这一系列具体的行动都是加强国际合作的重要手段。

“一带一路”倡议面向的是世界各国，为各个国家带来政策便利与发展方向，因此，也为中非商贸投资协同服务平台的建立带来了便利，在“一带一路”倡议的背景下，平台运营者也能更好地把握当前世界经济格局，真正为用户服务，创造价值。

3. 杭州 G20 峰会为中非产能合作奠定基础

双边贸易协定、投资保护协定、区域经济组织和世界经济组织的协定为中非经贸合作和产能合作提供了宏观基础。

2016 年 9 月 4 日—5 日，浙江省杭州市举办 G20 峰会，峰会主题是“构建创新、活力、联动、包容的世界经济”，南非总统祖马、乍得总统代比、埃及总统塞西、塞内加尔总统萨勒等非洲国家领导人参与峰会，并在会后共同发表了《二十国集团领导人杭州峰会公报》《二十国集团支持非洲和最不发达国家工业化倡议》和28 份具体成果文件，体现了中国与非洲国家共迎挑战的伙伴关系精神，对非洲工业化进程将起到巨大的促进和推动作用。

凭借地缘优势，以杭州 G20 峰会为契机，中非商贸投资协同服务平台积极推进自身研发设计，聚焦两国交往中的突出问题，尽可能通过自身服务深化我国与非洲等发展中国家务实合作，聚焦共识，加强彼此之间的正向联动。

4. 中非商会助推对非合作

2018 年中非合作论坛第七届部长级会议将在中国举行，作为全国工商联开展对非合作的重要抓手，中非商会将借此机会积极推动中非间投资和贸易的发展。

中非民间商会理事会会长汪力成在发表致辞时指出，在中非合作论坛框架及“一带一路”倡议的背景下，中非之间有着坚强的合作基础和潜力，双方都有促进产业合作的意愿，并为产能对接制定了国家战略。同时，中非民间商会借助中非合作论坛在中国举行的机会，从五个方面来推进中非投资和贸易合作的发展：一是推动商务部和全国工商联商会务实合作，携手发展各自优势，联合组织大型商会活动和考察。二是民企 500 强与非洲国家共同发出积极务实的声音，以浙江、江西、广东为例，制造业企业有 285 家，这些企业将是未来中非产能合作与非洲工业能力建设的主力军。三是引导鼓励民营企业基金投资机构和大型民企参与中非金融投资合作。四是把在非洲的中国工业园区作为贸易投资出境的基地。五是在非洲重点国家设立培训援助基地，加大培训力度。

中非商会从投资和贸易角度为中非合作的发展起到了极大的推动作用，中非商会提出的五大措施恰好为中非商贸投资协同服务平台的建设提供了良好的政策保障，使其在民间有了极大的支撑后盾。

5. “义新欧非”洲际商路促进中非经贸合作发展

推动建设“一带一路”中非合作框架，搭建“义新欧非”洲际商道，提升中非经贸合作层次。非洲煤矿、重砂矿、金矿、锌矿、铜矿、钽铁矿、铀矿、铅矿等矿藏资源十分丰富，中国经济的飞速发展需要非洲矿产。中国生产制造能力强，非洲需要中国资本与商品出口，义乌可以为中非经贸资源合作提供更好的平台资源优势，切实将双方的资源优势需要转换为经济优势。

1.4.3 资源支撑

1. 非洲国家具备一定的资源基础

非洲矿产资源极为丰富，非洲储藏着世界上已经探明的150种地下矿产资源，铂、锰、铬、铱等的蕴藏量约占世界总量的80%，磷酸盐、钯、黄金、钻石、钴等的矿藏量占世界总储量的一半以上，石油、铁、铜等资源也非常丰富。非洲拥有的丰富自然资源和劳动力资源，加上它正处于工业化兴起阶段，其本身就具备经济、贸易、文化等多领域发展的基础资源优势。加之，中国经过30多年改革开放积累下来的丰富经验，拥有技术、人才、资金、装备等方面的优势，能够将这些优势带入非洲。借助中国的资本、商品、技术等促进中非商贸投资文化交流，推动非洲国家发展经济、提高人民生活水平，实现可持续发展。

2. 优势民营企业支撑

我国民营企业非常发达，浙江省的民营企业更是如此。民营企业利用自身优势，加强与中非基金、中非产能合作基金、丝路基金等国家资本对接合作，例如浙江永达实业集团与中非基金合资，在安哥拉首都罗安达的维亚纳工业园投资建设的电线杆工厂正式投产，并将再投资5亿美元建设电力工业园区，将我国富余的中低端输变电器材生产能力转移到安哥拉。

3. 平台拥有良好的智力支持

中非商贸投资协同服务平台是以浙江师范大学综合智库作为支撑后盾，以师大团队为中坚力量建设起来的。现有国内高校首家非洲研究院、全国第一家专门培养对非人才的中非国际商学院，组建中非经贸专题研究团队，成立“中非商贸研究中心”“中非产能合作研究中心”和“中非资源能源合作研究中心”。并且已经与非洲50多个国家和地区建立了联系，每年培养数百名留学生。浙江省主要领导高度重视对非工作，对浙江师范大学的非洲研究做出重要指示，将其列为省重点高校建设的一项重要任务。

2010 年成立了全国首个面向中非经济合作的高校教学机构——浙江师范大学中非国际商学院,以培养非洲的“中国通”和中国的“非洲通”为目标,以经贸和工商管理为特色,积极打造集人才培养、人员培训、商务咨询、学术研究于一体的办学体系,培养了数百名非洲留学生。

平台的负责人段文奇教授在平台领域具有长期研究经验,带领团队设计、开发、运营中非商贸投资协同服务平台,并与中联国创控股集团有限公司合作,结合浙江师范大学非洲研究方面的基础和中联国创集团在非洲建设投资的多年经验,成立浙江师范大学中联国创国际商贸研究院,以非洲国家为切入点来发挥产学研成果的价值,积极响应国家号召,推动国家政策落地。

中非商贸投资协同服务平台符合当下时代发展的趋势,密切结合当前互联网、大数据等信息技术,在政策条件、资源基础、知识储备、技术支撑等多方面条件下,致力于建设共建共享、公开透明的一站式公共服务平台。平台有力地解决了中非商贸投资中市场信息不对称、缺乏深度沟通和信任、国际汇率不稳定导致贸易增长缓慢等问题,围绕中非经贸文化合作建立以深度沟通为基础的商脉圈,推动中国海外投资,助力非洲发展经济,吸引外资。平台整合两国资源,优势互补,为商贸投资注入新动力,开启中非合作共赢、共同发展的新篇章。

1.5 中非商贸投资协同服务平台建立的必要性及意义

中非经贸合作是一个系统工程,需要政府、社会、企业、居民和外交机构等多元主体共同参与,需要在体制机制、管理模式等方面实现创新,才能取得成效。

1.5.1 中非商贸投资协同服务平台建立的必要性

由于政策条件利好、资源优势具备,中非经贸往来日益加深。但在日趋紧密的同时也存在着市场信息不对称、地区文化差异、缺乏沟通和信任机制等方面的问题,一些企业、组织、个人面临着单兵作战、协同缺失等挑战。因此,非常有必要打造一个集商脉圈、基础信息等数据基础上的深度沟通服务体系,中非商贸投资协同服务平台的建立具有极大的必要性。

（1）长期以来，非洲政局不稳定，经济欠发达，基础设施落后，多数非洲国家不具备交通、通信、物流等基础条件，产品零散，缺少品牌，中非双边交流合作存在语言、风俗等障碍，这些客观因素决定了中国企业对非洲贸易和投资蕴含着各种风险。

（2）中非双方的合作机制还需改进和完善。目前中非合作缺少实体平台支撑。

（3）中非合作还面临着越来越严峻的外部挑战。鉴于非洲巨大市场潜力的吸引力及政治考量，近年来世界主要大国纷纷调整对非政策，加大介入力度，对中非合作构成了重大挑战。

（4）目前中非经贸往来已日趋密切，但是现在缺乏一个集人力资源、商品、教育、项目、投资为一体的协同服务平台，以便同时满足“非洲需求”与“中国供给需求”。

1. 落实国家相应促进和支持政策

基于国家制定的有关中非经贸合作发展政策，应配套以相应的税收优惠政策，鼓励企业开展对非投资与合作项目；制定经贸合作的金融、保险促进与支持政策措施；积极动员各方力量，搭建一个中非经贸合作情报平台与情报网络体系，研究建立中非商贸投资合作重大项目库，向相关企业提供非洲项目信息。

中非商贸投资协同服务平台正是完美地落实并为国家政策提供了实际解决方案，建立了一个多元化、一体化、一站式的公共服务平台。这一举措为国家、为企业、为创业者甚至为非洲商人都提供了一个良好地契机，也为政府部门推进两国合作以及政策落地做出了贡献。

2. 实现中非经贸合作中的第三方服务体系建设

从国际经验来看，会计师事务所、律师事务所、投资银行以及证券公司、征信、评级机构等第三方服务机构在跨国商贸投资合作中起着非常重要的作用。政府部门大力支持并培育相关的服务机构，推动中资会计师事务所、律师事务所、投资银行以及证券公司、征信、评级机构等第三方服务机构“走出去”，为中国企业“走向非洲”提供相关服务。

中非商贸投资协同服务平台的建立正好解决了第三方服务机构缺少主体和面临各种风险的问题。通过平台上的第三方服务集成，将这些服务机构纳入其中,为第三方服务机构提供保障,同时也为中非商人更便捷地使用这些第三方服务提供了便利。

3. 满足中非商贸投资中的金融合作

国家鼓励各级政府部门、企业积极参与中非发展基金、中非产能合作基金、丝路基金等,致力于从国家层面进入国际合作体系,更好地发挥积极财政政策的作用,盘活用于国际贸易、国际投资、产能合作等存量奖补财政奖金,推进财政资金用于中非经贸合作。

中非商贸投资协同服务平台将搭建起金融合作的桥梁，加强中非经贸合作中企业的资金流通,提供金融便利性,更好地服务于中非两国经贸发展。

设计团队秉承着中非商贸投资协同服务平台的建设宗旨，怀揣着视中非经贸事业为己任的使命,饱含着中华民族的爱国主义情怀。通过平台化的服务,为在祖国对外关系交往中提升中国企业品牌形象做出了应有的贡献。

1.5.2 中非商贸投资协同服务平台建立的意义

中非商贸投资协同服务平台坚持以公共服务、共建共享、公平透明为原则,以建设中非经贸文化交流合作的新渠道为宗旨，力求搭建起两国经贸文化交流的桥梁,深化两国之间的友好合作。

平台利用集团优势和诚信的规则体系支撑国家战略，服务于中国高水平对外开放,充分发挥中国的资本、经验、技术、商品、装备、人才等优势,帮助非洲国家引进外资,发展经济。同时,平台也打开了非洲国家走向世界的大门,发挥自身资源优势并借助平台的力量发展本土经济,提高劳动力就业量,增加外汇收入,提升本国的生活质量水平,实现优势互补、合作共赢。

1. 增强中国企业的国际竞争力

中非商贸投资协同服务平台的建立能够在一定程度上增强中国企业的国际市场竞争力。中国企业“抱团出海”,在非洲建立工业园区和子工厂,或者建立中资公司,将中国的技术和人才输入非洲国家,在有序进行优质产能输出和转移的同时,通过提高本土的生产效率提升竞争能力,解决要素成本快速上涨的问题。同时,在平台的资质审核和全面监督下,将大大提高中国企业的品牌形象,提高双方合作质量，进一步增强中国企业在国际市场中的竞争力。

此外，中国企业借助平台资源将充分利用非洲当地的力量，雇佣当地员工，争取当地民众与社会势力的支持，提高自身的社会责任意识，从而能够更好地在国际市场中站稳脚跟。加强与相关国际组织合作，加大对非项目安全、质量、环保等因素的投入力度，使企业声誉、信誉通过良好的安全记录和高质量的项目标准得到提升。

2. 加强中非民间和人文交流

中非两国在民间、智库、教育、新闻等领域交流方兴未艾。截至 2014 年底，“中非民间友好行动”共在 49 个非洲国家开展 141 个项目，促进社会公益、帮扶弱势群体。“中非联合研究交流计划” 落实顺利，3 年内如期实施 100 个研究项目，中非 20 所高校和研究机构建立“一对一”长期合作关系。

（1）中非商贸投资协同服务平台助推中非经贸合作全面可持续发展。中非商贸投资协同服务平台的建立将在线上和线下实现“中非民间友好行动”的统一对接，搭建起民间各界沟通信息、协调行动的有效平台，为中非经贸文化交流合作共赢营造和谐有利的舆论氛围和民意环境。

（2）中非商贸投资协同服务平台促进基层民生项目发展。围绕促进中非经贸合作的重点领域，促进开展一系列面向民间社会的交流活动和面向基层民众的教育医疗、减贫开发等民生项目。通过开设网络商学院，根据实际情况不断充实课程研修内容，丰富形式、增强效果，使网络商学院真正成为中非民间力量深化友谊、交流理念的重要途径。平台通过组织线上课堂或线下商旅考察的形式来促进非洲人民来华培训和在非洲国家派遣专家、建立培训中心等，帮助有需要的非洲国家培养各类人才。

（3）中非商贸投资协同服务平台利于开展合作论坛等民间活动。中非商贸投资协同服务平台能够通过网络渠道惩戒中非合作论坛，将线下与线上同步进行。通过平台在各国的同步推进，增加论坛在国别、界别等方面的覆盖率，邀请社会各界人士更广泛的参与其中。

3. 中非商贸投资协同服务平台服务于国家高水平对外开放

三大支柱促进经贸文化协同发展，五驾马车推动资本服务商品走进非洲。中非商贸投资协同服务平台落实国家对非战略,响应国家“一带一路”倡议号召,积极主动服务高水平对外开放,助力中非两国友好合作,共创合作共赢、共同发展的美好未来。

(1) 中非商贸投资服务平台有利于传统外贸企业转型升级，对保持我国外贸稳定增长具有深远意义。促进中国,尤其是浙江对非商品出口,帮助浙江企业产能转移到非洲。

(2) 电子商务成为未来跨境贸易必然趋势,产业发展潜力巨大。2013 年我国中非跨境商贸增速在 30%以上,而同期我国中非外贸总体增速仅为 7.6%,中非跨境商贸整体规模相对于外贸总体的占比也不足 10%。随着中非跨境商贸的高速增长,电子商务在我国进出口贸易中的比重将越来越大,市场潜力巨大。电子商务已发展成为我国新兴的战略性产业,成为国际贸易中的新手段和新方法,必将推进国际贸易的深度和广度。

(3) 中非商贸投资服务平台将全面推广。中非跨境电子商务在快速增长的同时,对平台、物流、支付、通关等环节也提出了新的需求,“便利、快速、联动”成为关注的重点。企业的积极性高,海关开展跨境电商贸易统计,相关配套政策将倾向更精准的服务企业。

(4) 中非商贸投资服务平台为企业打造国际品牌提供了新机会。在互联网时代,品牌、口碑是企业竞争力的重要组成部分,也是赢得消费者青睐的关键因素。当前,尽管我国许多企业的产品和服务质量、性能都很好,但不被境外消费者所知。而跨境电子商务能够有效打破渠道垄断,减少中间环节,节约交易成本,缩短交易时间,为我国企业创建品牌、提升品牌的知名度提供了有效的途径,尤其是给一些“小而美”的中小企业创造了新的发展空间,从而催生出更多的具有国际竞争力的“隐形冠军”。

(5) 中非商贸投资服务平台是促进产业结构升级的新动力。跨境电子商务的发展,直接推动了物流配送、电子支付、电子认证、信息内容服务等现代服务业和相关电子信息制造业的发展。

(6) 中非商贸投资服务平台能有效地增加中非双方的交流。促进非洲的学生到浙江师范大学等中国的大学院校申请留学，平台开通在线申请进一步方便了非洲的学生到中国留学。为开展中非经贸研究提供动态、丰富的数据库，尤其是为开展政策研究和管理咨询提供详尽的数据支持。助力浙江师范大学中非经贸学科的影响力走向全国第一。

（7）项目实施后，可建立信息化的公共服务平台。为生产企业、物流企业、物流服务需求者、运输业务承担者以及政府相关部门提供便利，实现为客户提供标准化、高效化、自动化的现代信息服务，优化公共资源配置的效率，促进中非商贸各行业及产业链上下游行业的技术进步及电子商务产业链的形成，社会效益显著。

第2章
中非商贸投资协同服务平台的设计思路及主要内容

2.1 中非商贸投资活动中亟待解决的问题及应对措施

通过对中非两国经贸合作、文化交流、对外投资等领域的描述，我们发现中非商贸投资活动虽然已经取得了一定的成果，但也面临着政治、经济、文化、社会等多方面的因素影响。本部分内容总结出了中非商贸投资协同服务平台需要解决的问题以及具体的应对措施。

2.1.1 中非商贸投资活动中亟待解决的问题

中非商业往来与合作已上升到国家战略层面，我们将开展中非商贸投资合作时亟待解决的问题总结如下：

1. 双方缺乏有效沟通

目前中非合作缺少实体平台支撑，双方大量中小企业难以获得贸易、投资等信息和合作途经，中非合作论坛很多成果也因此无法进一步落实或者落实质量不高，譬如达成的为非洲国家援建文化和职业技术培训设施、将部分非洲国家作为"中国公民自费出国旅游目的地"、促进中非文化交流与传播等成果都未能得到有效贯彻。中非人民和企业之间也由于缺乏交流平台，彼此无法持续和深入了解，导致很多中国援非项目建成后缺乏有效运营和管理，双方都没有得到实惠。

2. 目前中非经贸平台功能单一

当前已经问世的如跨境通、中非经贸港（一站式外经贸综合服务平台）、

Amanbo 聚焦非洲跨境电商平台等中非经贸平台，在一定程度上都是以贸易活动为主，很少甚至不涉及投资项目合作，这使得这些平台都存在着功能单一、信息滞后等问题。因此，也就缺乏一个集人员、商品、项目为一体的协同服务平台，来同时满足“非洲需求”与“中国供给”。

3. 中非研究缺乏大量数据支撑

数据是一种重要的资源，但是目前涉及中非贸投融资合作的平台缺乏大量的经贸、农业、科技、金融、文化等领域的数据。

4. 中非商贸缺乏数据互通

中非商贸涉及支付、物流、税务、安检、质检、检疫等信息数据互通，目前各相关部门的数据不对外开放，导致进出口贸易不通畅，耗时较长，查询数据时需要到每一个部门去查看，造成资源的极大浪费。

中非商贸投资协同服务平台是集商贸服务、跨境电子商务、海外业务扩展、经贸人才培训于一体，搭建一个面向中非贸易企业、中非相关学者以及政府相关部门的电子商务及商贸信息管理平台，将与中非产能合作相关的供应链上下游企业与机构有机地联系起来，使其成为一个协同运作的信息支撑体系，坚持开放、公平、透明的原则。

2.1.2 中非商贸投资协同服务平台提出的应对措施

中非商贸投资协同服务平台建设中非经贸领域的个人和组织数据库、进出口商品数据库、产能合作投资项目数据库，并在现有社交平台上构建以商品进出口和投资项目为主的沟通服务体系，助力浙江乃至中国企业走进非洲。

具体内容包括：

1. 基础信息数据库

为中、非双方的企业、政府、行业协会等提供经济情报，为商贸投资活动提供主要依据。主要包括非洲国家城市地理位置、面积、人口、产业、消费水平、文化、宗教、语言、收入、进出口产品类别、贸易规模等内容。

2. 中非进出口商品数据库

以商品业务为主线，促进双方国际贸易业务达成，实现在线交易。主要包括商品名称、商品图片、访问数、收藏数、品牌、市场价、会员价、库存数、规格、购买数量、分享、加入购物车、加入收藏、商品详情(图片形式)等内容。

3. 产能转移对非投资项目数据库

以投资项目为主线,促进对非产能合作项目落地。主要包含非洲工程、建筑建设、生产制造、农业发展、工业设备、能源燃料、机械与运输设备、矿产资源等相关领域的投资项目信息。

4. 中非经贸领域相关的人才和组织数据库

人才数据库主要包括在非洲的中国商人、在中国的非洲商人、中非领域的专家学者、非洲政要大使参赞、中非经贸领域法律翻译等专业人才。组织数据库主要包括中非双方的企业名称、地址、规模、行业类别、主营产品、财务状况、联系方式等。

5. 开发教育、经贸、管理等交流培训在线招生管理系统

依托商脉圈和高校资源,提供包括专业培训、学历教育、商旅考察等衍生服务。为留学生提供学历学位教育,培养非洲的"中国通"和中国的"非洲通";为中国和非洲企业提供政策指导、管理培训等方面的网络课程,并进行商旅考察带动两国旅游业的发展。

确立了平台的建设内容,再将这些内容模块化,形成平台的服务架构,支撑起整个平台的运转。同时与多个机构形成战略协同,与企业、平台、机构实现数据对接,与目前市场上的中非跨境平台实现数据互通,既可以丰富平台内容,又可以将第三方平台的用户引导至平台。在各方企业和平台的协同作用下实现商品、商家爆发式的增加,覆盖中非商贸涉及的所有商品。协同相关部门的数据对接(银行系统对接接口、税务系统对接接口、海关系统对接接口、质量检验系统对接接口、检疫系统对接接口、公安系统对接接口、交通运输系统对接接口、支付系统对接接口),实现中非商贸投资服务平台的商品交易一站式服务。

2.2 中非商贸投资协同服务平台的设计理念和商业模式

基于中非商贸投资协同服务平台建立的国际背景、国家发展方向以及各方优势资源的共同力量,平台整体的设计、开发和运营致力于解决中非商贸投资中市场信息不对称、缺乏深度沟通和信任、国际汇率不稳定导致贸易增长缓慢等问题，开展以留学生创业为基础的中非文化交流，推动中国海外投资，助力非洲发展经济，吸引外资。通过整合两国资源，形成优势互补，打造深度沟通商脉圈，为商贸投资注入新动力，努力将其建设成为共建共享、公开透明的一站式公共服务平台。

2.2.1　中非商贸投资协同服务平台的设计理念

平台将努力建设成为涉非领域政府及其下属民间组织的得力帮手；与跨境电商相关的企事业单位协同合作促进贸易便利化；与涉非企业或投资机构合作，提供对非投资专业咨询服务。

因此，整个平台的设计、开发和运营始终以坚持公共服务、共建共享、公平透明向上为原则，服务于中非两国在经贸文化领域的友好发展。

1. 公共服务

中非商贸投资协同服务平台坚持公共服务原则，将平台建设成为综合性的一站式公共服务平台，为中国政府、企业和个人提供整合协同服务，为非洲国家利用中国资源提高人民生活水平和国家发展程度提供帮助。

平台将通过挖掘非洲国家各类基础信息数据，建立类型丰富的数据库，提供商品、项目、投资等方面的经济信息；通过商脉圈的深度沟通体系加强两国商人之间的交流；通过在线教育，培养跨国人才储备人力资源等。这些公共服务为中国企业或个人到非洲投资或开展业务提供涵盖当地国情、省情、社情的经济、政策、人文、环境等信息；并与外部机构协同运作，如银行、海关等部门，打造深度沟通服务体系，促进两国之间的沟通交流。为中国企业、商品、品牌“走出去”开辟渠道通路。同时，通过留学生教育以及网络商学院培训，培养非洲的“中国通”和中国的“非洲通”，为两国经贸文化发展提供可靠的人力资源，并通过留学生及非洲青年本地化创业为非洲当地人民创造福利。

2. 共建共享

中非商贸投资协同服务平台坚持共建共享原则，将实现共商共建共享。平台上的用户不仅能够享受服务并且能够自己不断创造服务满足需求，共同建设共同享用。平台通过统一的利益分享机制进行总体协调把控。

平台为用户提供公共服务规则体系以及各项制约机制，为用户提供一个通用化的解决方案，提供咨询服务等，并拓宽用户之间的沟通交流渠道。平台建设的目的是为中非经贸文化交流合作建立纽带桥梁，提供基础信息服务；平台不参与具体的贸易和投资活动，确保平台上的用户在服务其他用户中获得发展。平台能够获得各方支持的关键是提供共赢的解决方案和让各方用户认识到加入平台的巨大价值。

3. 公平透明

中非商贸投资协同服务平台坚持公平透明向上原则，平台将严格管理用户之间的诚信往来，建立规则体系，保证公平交易和政策透明。

平台将引导平台参与者树立起只有通过提供优质的产品、服务和项目才能发展壮大的理念，尽最大努力杜绝无序竞争、恶性竞争、诚信缺失等行为。协助用户打造品牌意识，树立良好的品牌形象。建立信用认证体系，用户使用平台时必须要经过身份认证和审核，以保障各方用户的权益，从而建立互信机制。

2.2.2 中非商贸投资协同服务平台的商业模式设计

商业模式描述了企业如何创造价值、传递价值和获取价值的基本原理。为了更深入地挖掘企业的价值，采用一种可视化的方法来评估和创新商业模式。可视化方法，即将企业商业模式的九个构造块特征，呈现在一张可视化商业模式画布中，形象地刻画出该企业创造收入的原理；创新商业模式，即根据平台的各构造块特征，修改商业模式画布，挖掘平台盈利的新来源，最终实现平台战略蓝图的重构。

中非商贸投资协同服务平台作为一个 B2B2C 平台的创新，其商业模式的设计需要运营者充分考虑用户需求，提供直击需求痛点的服务，才能在包含众多问世已久的产品的中非经贸平台市场中脱颖而出并立于不败之地。

1. 描绘中非商贸投资沟通服务平台用户需求列表

在设计平台商业模式之前的一项重要工作是确定目标用户，充分挖掘用户需求，中非商贸投资协同服务平台设计团队通过描绘需求列表的方法来形象地描述平台上各方用户的需求，从而更好地进行业务定位（见表 2-1）。

表 2-1 中非商贸投资沟通服务平台用户需求列表

满足需求方 / 提出需求方	平台	非洲项目拥有者	中国涉非企业、投资商	政府和非政府组织	消费者	专家学者	第三方服务商
平台		提供项目信息，建立项目库	提供投资项目	官方认证、公信力	进出口商品消费	学术资源交流分享渠道	提供配套服务（资金、法律、物流等）
非洲项目拥有者	提供发布项目信息的渠道		资金	提供官方的市场信息、法律保障	了解消费需求，获得商机	人力资源	交流沟通、信息获取的工具
中国涉非企业、投资者	提供非洲项目信息	可投资、合作的项目		提供官方的市场信息、法律保障	了解消费需求，获得商机	人力资源	提供配套服务（资金、法律、物流等）
政府和非政府组织	项目信息指标	非洲项目信息	涉非企业信息、资金状况等		促进贸易往来	智库、人才库	协助政策制定和落实
消费者	获得消费品，满足自身需求	获得消费品，满足自身需求	获得消费品，满足自身需求	获得消费者权益保障		获得企业信息、保障自身权益	提供在线交易、商品转移
专家学者	学习、研究方面的信息资源	研究成果的支撑材料	获得留学、研究机会	知识产权	获得消费需求		研究成果分享、信息交流沟通
第三方服务商	获得用户资源	业务合作	业务合作	政策保障	贸易服务	分享交流	

根据表 2-1 中的信息，进一步总结归纳中非商贸投资协同服务平台的用户以及用户的痛点需求，提炼出平台的"需求—服务"矩阵。

2. 设计中非商贸投资沟通服务平台的"需求—服务"矩阵

梳理出表 2-1 所示的需求列表后，根据上述用户对各方的需求，设计相应的服务，形成"需求—服务"矩阵，标出满足平台用户需求的对应服务。行代表平台用户的各类需求，列代表平台提供的各类服务，将用户的需求和平台提供的服务相匹配，标记平台为了满足用户需求应提供的服务（见表 2-2）。

表 2-2　中非商贸投资协同服务平台的需求—服务矩阵

服务＼需求	基础信息数据			进出口商品数据		投资项目数据		商脉圈			人才、组织数据				第三方服务窗口			
	国别政策	自然环境	经济情报	发布商品信息	商品需求匹配	发布投资项目信息	项目信息匹配	资信认证	合作伙伴推荐	沟通交流	专家智囊团	留学生资源	企业培训	商旅考察	服务商列表	协同配合	服务反馈评价	……
掌握行业最新信息、把握市场动态	√	√	√								√	√	√	√		√		
产品供求信息与商机	√	√	√	√	√		√		√						√	√		
寻找商品流通机会	√	√	√	√	√				√							√		
寻找产品及市场	√	√	√	√	√				√					√		√		
投融资需求	√	√	√		√	√	√		√		√				√	√		
提供全面的行业知识			√	√		√		√		√	√	√	√			√	√	
会员信息、商业机密等安全性问题			√					√										

（续表）

需求 服务	基础信息数据			进出口商品数据		投资项目数据		商脉圈			人才、组织数据				第三方服务窗口			
	国别政策	自然环境	经济情报	发布商品信息	商品需求匹配	发布投资项目信息	项目信息匹配	资信认证	合作伙伴推荐	沟通交流	专家智囊团	留学生资源	企业培训	商旅考察	服务商列表	协同配合	服务反馈评价	……
沟通交流需求					√		√			√			√			√	√	
诚信保障								√										
交通、物流									√						√	√	√	
信息反馈										√							√	
专家咨询	√		√							√	√							
……																		

3. 设计中非商贸投资沟通服务平台的商业模式

在设计商业模式的过程中，参照可视化的商业模式画布九大构造块（见图 2–1），设计团队整合市场中现有中非经贸平台的信息，并且结合了对前人平台运营方面的文献进行的研究以及相关的案例分析，设计中非商贸投资协同服务平台商业模式。

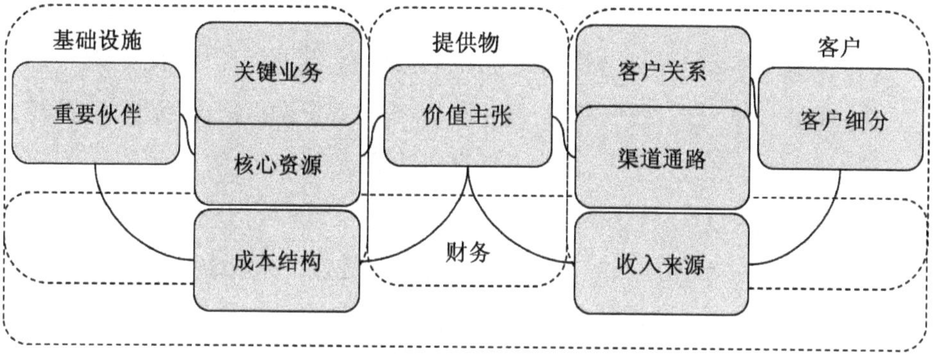

图 2–1　商业模式画布九大构造块

设计团队在进行平台商业模式设计时利用商业模式画布的九大构造块进行逐个分析。通过分析当前的市场环境，挖掘中非经贸合作交流中的用户需求，首先明确平台的价值主张，即平台的宗旨；根据各方用户需求，厘清用户关系，进行用户细分，确定平台的关键业务，寻找渠道通路；确定重要合作伙伴对象，保障平台各项功能服务的运转；为避免平台功能被后进者复制，须确定平台的核心资源。同时，根据平台的业务范围，确定平台的成本结构，进一步分析价值来源。

（1）价值主张（VP）：打造一个功能完善、机制规范、运作高效、成长潜力巨大的综合服务平台生态系统，建立交互机制和通道以撮合双方交易，提供商贸物流一条龙配套服务，设置用户过滤机制，提高准入门槛等。

（2）客户细分（CS）：非洲项目拥有者，涉非企业、政府、行业协会、民间组织，投资者，消费者，研究者、留学生等。

（3）渠道通路（CH）：信息平台，贸易平台，交易平台，评级系统，培训机构，留学生互动交流等。

（4）客户关系（UR）：个人助理，客户管理，在线社区，自助服务，共同创作，高级用户个性定制服务等。

(5) 收入来源(RS):高级会员服务收费,情报交易购买费用,商旅考察培训费用,在线培训和课程等。

(6) 核心资源(KR):平台,信息,商脉圈,增值服务,基础信息数据库,商品数据库,人才、组织数据库,金融资源与财务担保,中国产能转移对非投资项目数据库等。

(7) 关键业务(KA):平台管理与推广,在线交易,信息匹配,投融资等。

(8) 重要合作(KP):政府部门,行业协会,银行等金融机构,研究机构、高校,平台开发商,第三方支付平台,第三方认证机构等。

(9) 成本结构(CS):平台开发与维护,运营成本,推广费用等。

设计团队在平台创始人的带领下对商业模式进行了深入探讨，在这个商业模式画布上,对中非经贸合作与商务沟通有了更加清晰的定位(见表 2-3)。

表 2-3　中非商贸投资沟协同务平台商业模式构成

<table>
<tr><th>重要伙伴(KP)</th><th>关键业务(KA)</th><th>价值主张(VP)</th><th>客户关系(CR)</th><th>客户细分(CS)</th></tr>
<tr><td rowspan="3">政府部门,行业协会,银行等金融机构,研究机构、高校,平台开发商,第三方支付平台,第三方认证机构</td><td>平台管理与推广,在线交易,信息匹配,投融资</td><td rowspan="3">打造一个功能完善、机制规范、运作高效、成长潜力巨大的综合服务平台生态系统，建立交互机制和通道以撮合双方交易，提供商贸物流一条龙配套服务，设置用户过滤机制，提高准入门槛</td><td>个人助理,客户管理,在线社区，自助服务,共同创作,高级用户个性定制服务</td><td rowspan="3">非洲项目拥有者，涉非企业、政府、行业协会、民间组织，投资者，消费者，研究者、留学生</td></tr>
<tr><th>核心资源(KR)</th><th>渠道通路(CH)</th></tr>
<tr><td>平台,信息,商脉圈，增值服务,基础信息数据库,商品数据库,投资项目数据库,第三方服务集成</td><td>信息平台，贸易平台,交易平台,评级系统，培训机构,留学生互动交流</td></tr>
<tr><th colspan="3">成本结构(CS)</th><th colspan="2">价值来源(VC)</th></tr>
<tr><td colspan="3">平台开发与维护,运营成本,推广费用</td><td colspan="2">高级会员服务收费,情报交易购买费用,商旅考察培训费用,在线培训和课程等</td></tr>
</table>

4. 刻画中非商贸投资协同服务平台生态系统的服务架构

平台生态系统的服务架构是支撑商业模式运转的基础设施，随着市场环境和用户需求的不断变化，商业模式也随之改变，因此中非商贸投资协同服务平台服务架构的刻画也至关重要。

（1）定位平台的目标用户群体，明确用户需求，确定平台提供的产品和服务类型，开发平台业务，并将每一项业务细化，规范业务流程及操作步骤。根据表 2–4 问题需求列表中列示的用户需求，明确平台生态系统的业务定位。

（2）绘制平台服务—流程矩阵，将上述细化的平台业务流程和操作步骤与平台提供服务相匹配（见表 2–4）。

表 2–4 中非商贸投资沟通服务平台服务—流程矩阵

需求 服务	基础信息数据			进出口商品数据		投资项目数据		商脉圈			人才、组织数据				第三方服务窗口			
	国别政策	自然环境	经济情报	发布商品信息	商品需求匹配	发布投资项目信息	项目信息匹配	资信认证	合作伙伴推荐	沟通交流	专家智囊团	留学生资源	企业培训	商旅考察	服务商列表	协同配合	服务反馈评价	……
线上																		
线上、线下一体化																		
创业实践基地																		
综合商圈																		

用表格的行表示平台系统各个功能中心提供的服务模块，即基础信息、进出口商品数据、投资项目数据、商脉圈、人才数据、第三方集合；列表示平台的业务类型，按照服务对象不同划分为线上、线上线下一体化、创业实践基地、综合性商圈等。

基于中非商贸投资协同服务平台的设计理念，结合中非商贸投资活动中面临的各种问题，提炼出各个主体的需求，并设计平台运营的独特商业模式。在此基础上，制定平台的主要内容及功能。

2.3 中非商贸投资协同服务平台的主要内容及功能

2.3.1 一站式第三方服务

中非商贸投资协同服务平台将第三方服务商高度集成，形成服务清单列表，为服务商和其他用户提供专业化、高质量的匹配对象，更好地发挥服务价值。依托诚信机制、评价反馈机制和高度集成的第三方服务，营造公平、诚信、安全的合作环境，实现市场竞争良性循环。

1. 建立“第三方服务商—商贸投资服务需求”匹配模型

围绕商贸投资活动，将从事商贸投资业务需要的外部机构提供的全部服务详细列出来，建立“第三方服务商—商贸投资服务需求”的匹配模型，帮助企业在需要某项服务时可以快速找到相应的服务机构。并且，服务需求和服务机构都可以在平台运营过程中实时动态添加，平台高级管理员进行审核评估维护。

2. 建立第三方服务描述模型

建立服务描述模型，将第三方服务商能够提供的各项服务，进行规范描述并制定流程节点。通过描述模型，企业在使用某项服务时能够清楚地知道该项服务内容、服务过程和预期的服务效果。

3. 建立每项服务地评价反馈机制

为每项第三方服务建立评价反馈机制，由平台汇总整理后反馈给第三方服务商，从而改进服务质量。同时，作为平台淘汰劣质服务提供者、选择第三方服务商的参考依据。

2.3.2 一站式中央工作平台服务

一站式中央工作平台是用户进行收发信息、沟通交流、集中管理服务的窗口，通过这一功能可对自己发布的信息进行管理，也可对正在进行的业务或服务进行查看与管理。同时还可以实现与平台上其他用户之间的互动。

1. 构建诚信价值体系

平台将对用户实行实名认证，需提供个人或组织的证件、信用资料等信息，既是对用户自身的保障，也为其他商业合作伙伴提供了信誉担保。

2. 建立业务展示通道

平台将对个人或组织的业务进行展示，以图文并茂或链接的形式展示其提供的商品、服务和投资项目，进行服务推荐，促进本平台与其他第三方服务商的协同。

3. 建立用户之间的深度沟通体系

平台将建立用户之间的直接沟通渠道，基于平台整体的商脉网络和匹配算法，提供“建议加入圈子”“新建圈子”“邀请潜在伙伴加入”等功能。通过商脉圈的沟通功能，调用微信，基于微信公众号进行信息推送、转发等。以商脉圈、人脉网为实现方式，构建商业沟通网络，得到用户及时反馈，提高合作效率，发掘潜在合作伙伴。

4. 建立“我的合作伙伴”列表

建立我的合作伙伴列表，邀请、管理和维护合作伙伴加入平台，成为平台认证用户后将其作为合作伙伴，同时提供对合作伙伴进行评价和维护的功能，平台为其提供其他用户对该合作伙伴的评价等级信息，评价模型应该包括产品、服务和项目本身、用户资信和实力等信用评价、交易交付过程评价等内容，帮助用户全面了解合作伙伴。

5. 建立平台与用户之间的沟通机制

建立平台与用户之间的沟通机制，向用户发送系统信息、通知和参与活动信息等。同时用户也可以通过这一功能向平台提出建议和服务需求。

2.3.3 一站式商品数据库服务

一站式商品数据库为非洲商品走出国门，中国企业走进非洲打开了通道。为双方保障商品质量，帮助双方进出口商匹配客户，提供咨询服务，帮助贸易商挖掘用户需求。

1. 建立商品多维编码模型

基于行业、产业、国别、生产商等关键词，建立商品多维编码模型，便于贸易商查找商品，并且将商品库与其他服务机构相互协同。

2. 建立商品描述模型

建立商品描述模型，设计商品描述模板，将不同的商品的基本信息与特殊信息分类整理，基于商品属性特征开展大数据分析，根据用户特点有针对性地推荐相关商品。

3. 提供商品市场咨询

为两国贸易商提供商品的市场需求、竞争优势、参考定价等数据分析模型，为企业提供深度咨询提供基础参数。

4. 建立"商品—用户"自动匹配模型

建立"商品—用户"的自动匹配模型，将用户关联到具体的商品，可以根据用户查询商品，也可以根据商品查询用户，扩大信息传播，增加合作机会，增强平台对生产企业的影响力和服务水平。

2.3.4 一站式项目投资数据库服务

一站式项目投资数据库服务的目的是为投资活动提供项目来源，通过在平台上发布项目信息，帮助投资商找到市场和项目，并提供可行性分析，增强投资效率，降低投资风险。并依托第三方服务商，为投资活动提供经贸、政策、法律等方面保障。

1. 建立投资项目描述模型

建立投资项目描述模型，规范项目描述模板，包括投资项目的基本信息（如项目名称、市场需求、预期回报、投资额、审批程序、利益相关者、主要风险等）以及对项目投资相关的信息进行整理,根据项目属性关联商品、合作信息和服务机构。

2. 提供项目推荐服务

提供项目发布者的项目信息发布功能，以格式化的模板上传或填写项目信息资料,同时为项目发布者推荐可能感兴趣的用户和活动,为其建立圈子以深度探讨合作互相帮助。

3. 建立第三方服务匹配机制

平台将围绕该项目所需要的各类服务建立第三方服务的需求和供给发布与匹配机制,帮助撮合相关服务的整合协同,建立完整的投资服务体系。

2.3.5 一站式经济信息数据库

一站式经济信息为平台上的各方用户提供基础的信息资源服务，便于中非两国企业或个人充分了解当地的市场环境与行情，也有利于平台为用户提供更为精准、高效的服务。

1. 建立经济信息模板

建立经济信息模板数据库,通过信息模板进行规范化管理,协同平台上各方用户以及平台合作伙伴的资源,充分发挥经济信息的价值。

2. 建立“经济信息供给—需求”模型

建立“经济信息供给—需求”模型,为每份经济信息提供自动推荐与匹配功能,解决信息不对称等问题,使更多合作信息作用于贸易实践,发挥价值。

3. 建立评价反馈机制

为每项经济信息建立评价反馈机制,由平台汇总整理后反馈给信息提供者,从而改进信息质量,进一步提高平台的服务质量。

4. 建立经济信息数据档案库

平台建立经济信息数据档案库，为每份经济信息存档，记录经济信息提供者、信息内容、信息浏览者、经济信息的评价反馈等信息。通过这些档案可以研究用户对不同类型经济信息的倾向,以便平台改进和进行大数据分析。

2.4 中非商贸投资协同服务平台生态系统动态发展策略

明确了平台面向的用户以及市场中的实际需求，在商业模式和平台功能的指导下，设计团队进一步制定了平台的经营策略，推动平台服务系统发展的各种动力机制和管控手段，来维持平台健康、可持续的运转。

设计团队将中非商贸投资协同服务平台生态系统策略的制定分为三步：一是根据平台演化阶段确定需要调控的构成主体类型及反馈机制；二是明确管控平台生态系统正负反馈机制的控制手段；三是综合反馈机制和控制手段两个维度，选择能有效引发反馈作用的竞争策略，在此基础上进行优化、有序推进并制定关键步骤。

从平台控制、市场调控控制、准入控制、制裁控制、激励控制、沟通控制六个方面入手，根据不同的服务功能，制定相应的战略重点，采取产品和服务策略、制度和规范策略、服务竞争策略、战略性定价策略、激励策略、合作联盟策略、服务竞争策略等，进行对症下药。同时，平台管理和优化平台系统可选择的具体策略有以下几种：产品和服务策略、设计和控制策略、制度和规范策略、采用网络策略、战略性营销策略、战略性价格策略、合作竞争策略。在基于反馈机制和控制手段的基础上，构建简明的平台运营和竞争策略矩阵（见表 2–5）。

表 2–5 中非商贸投资协同服务平台策略矩阵

不可控部分 可控部分	平台控制	准入控制	市场调节控制	制裁控制	激励控制	沟通控制
预期效应	提供创新产品和服务	身份认证；信誉评级制度		一套严格规范的制度	限期免费试用；鼓励第三方服务供应方加入，提供互补服务	广告、促销、公共关系等预告管理
个体选择效应	提供创新产品和服务	基于大众的市场定位；渗透定价策略		一套严格规范的制度	优化服务流程、简化使用过程	通过营销传播平台的大众市场定位和免费策略

（续表）

不可控部分 / 可控部分	平台控制	准入控制	市场调节控制	制裁控制	激励控制	沟通控制
信息传播和学习效应	平台模块化和标准化提高用户交互效率	广告、促销、公共关系等进行平台推广			提供交互工具、建立社区等；提供技术指导等	提供交互工具、建立社区等
潮流效应和制度规范	提供交互工具、建立社区等，加快扩散，形成潮流效应	引入高质量用户，提升平台品牌和信誉，形成潮流	用户交易评分；用户相互监督	建立惩罚恶性竞争的制度，如公告批评，账户冻结、舆论谴责等	提供交互工具、建立社区等	
决策协调机制			提供用户交易评分和评论工具，加强监督		提供交互工具、建立社区等	通过广告、促销、公共关系等预告管理协调个体决策
竞争机制	为第三方服务供应方开发服务提供工具和约束条件	选择平台的服务供应方，控制构成结构	信誉评级制度，淘汰不良用户	建立惩罚恶性竞争的制度，如与工商、银行的信用数据联网	鼓励良性竞争，如提供第三方服务供应方开发服务的工具；通过入股、联盟等形式投资第三方服务供应方	

设计团队对平台进行全方位的剖析，根据平台生态系统的宗旨与建设目标，运用一定的平台思维分析各个管控机制与运营策略之间的内在联系，进一步确定平台生态系统的策略重点，有选择地对功能服务及商业模式进行优化、完善和重构。

平台思维要求平台运营者对用户需求有全面的掌握，在设计平台商业模式时要有前瞻性和全局性的战略眼光。并且,要十分注重平台生态圈的建立,要有清晰的定位,构建平台商业生态系统闭环,形成正反馈机制,建立动态耦合关系,从而更好地推动平台的经营和发展。

2.5 中非商贸投资协同服务平台的设计开发原则

中非商贸投资协同服务平台为了实现建设目标,为平台上的用户提供方便、实用的信息服务和功能,在设计、研发平台网站时,设计团队充分考虑了以下几个方面的内容:

1. 整体性

系统整体设计能有效地实现后台一体化管理,前端满足用户的个性化需求,系统标准化程度高;后台系统能够完全支撑前端的运作,满足用户交互,创造良好的用户体验。

2. 稳定性

系统采用成熟的 JavaEE 框架设计,延续产品化软件开发思路,遵循 CMMI3 及 ISO20000 标准及 ISO27001,保证产品的稳定运行。同时,客户长期稳定地运行也是产品稳定的最有力说明。

3. 先进性

结合当前互联网、电子信息技术的发展,团队以最先进的观点和设计思路,为用户设计高先进性的网站系统。设计方案将立足于先进技术,使项目具备国内同行业领先的水平。服务器和网络方面以优化通讯流量,提高系统的管理性和安全性为重点。

4. 可持续性

由于平台未来面对的是广泛的互联网用户,因此在该平台正常运作后,系统应能够提供每天 24 小时,每周 7 天的不间断运作能力。为客户提供高度可持续增长的稳定运行保障。

5. 安全性

互联网是一个标准开放的网络,在网上进行各种访问活动,随时可能面对黑客的攻击，病毒的侵袭等。因此，确保网上信息流通的系统安全十分重要。安全不仅仅是一个技术的问题，还涉及系统的管理、法律法规的保障等。我们会做到保障系统数据和信息安全，为业务及商务提供安全环境。

6. 可扩展性

互联网具有巨大的信息传播潜能，没有人可以确切预计系统的最终访问量和最佳的运行模式。因此系统设计的原则之一是可扩展性。随着企业网上平台业务量的扩展和平台访问量的增长，系统应该能够具有很强的扩展能力，以适应新业务的发展。

7. 美观性

平台的用户范围十分广泛，包括政府、非政府组织、行业协会、企业、专家学者、学生等，因此良好的视觉效果与强大的平台功能同等重要。它可以突出平台特色和定位，在 UI 设计方面，团队将广泛征求意见，充分满足用户体验。

8. 服务性

平台设计要时刻体现着以用户为中心的服务思想，以为用户提供最好的服务为平台的设计思路。

9. 实用性

平台网站所提供的各项信息、服务等内容要做到实用，真正能够使网站为用户带来方便。

10. 便捷性

由于平台的用户范围大，用户数量多，因此平台网站所能提供的服务应简洁明了，功能明确，使用户使用起来更加便捷。并且要尽可能地适应不同年龄、不同知识层次的群众的需求。

11. 定制性

平台的建设目标标志着平台将为不同领域的用户提供服务，同时也将实现多方用户的不同需求，因此平台设计团队应充分考虑用户需求与服务的匹配性，为不同业务定制相应的业务流程。

12. 交互性

在设计过程中还应注重平台上各个功能以及用户的交互性。各项在线服务的提供以及友好的对话关系，极大的改善平台与用户的沟通效率。

13. 宣传性

除了平台为满足用户需求而设计的功能外，还应提供良好的实用的宣传功能，使之成为平台自身宣传的重要载体。

基于以上的描述，平台五大主要功能在设计开发时应充分考虑平台设计的总原则，遵循各个功能的设计开发原则。

2.5.1 第三方服务集成的设计开发原则

第三方服务集成将众多第三方服务机构及第三方服务协同整合，充分满足用户的各项需求，因此，第三方服务集成的设计开发应遵循以下原则：

（1）可流程化原则。根据终端用户特点实现流程化，将各项细分的第三方服务整合到各个流程中，逐渐将平台的服务也整合到流程中，每个用户个性化定制自己的流程，即可得到个性化服务。

（2）可动态扩展原则。在流程和流程环节设计上应具有较强的柔性，从技术架构上支撑修改、增删和更新流程环节，使得流程能够动态自适应改进。

（3）可动态集成原则。服务功能架构上应是使得流程集成可以从粗到细，从流程节点集成到流程过程集成，逐步实现流程的自动化。

（4）可追踪审计原则。设计开发时应考虑记录流程的效率效果和评价反馈相关的原始数据，一方面为建立流程提供者与使用者之间的闭环控制，另一方面为流程的持续优化提供数据积累。

（5）可协同嵌入原则。平台上其他模块的服务，可嵌入到流程的相应环节，比如供应商挑选时即可关联相关的供应商信息和分析报告等，为决策者提供按需服务信息。

总体上，坚持以上原则，可以推动运营过程实现生态系统不断扩张的同时保持效率。

2.5.2 个人中央工作平台的设计开发原则

个人中央平台是用户进行信息发布、编辑、修改、删除等自我管理以及与其他用户交互，查看业务流程，接收各项消息通知的窗口，因此，个人中央平台的设计开发应遵循以下原则：

（1）个性化原则。不同的用户有着不同的业务活动，对不同的服务有着需求，业务流程、消息通知、智能推荐等都应从个性化角度出发，为用户提供更为精准的服务。

（2）便捷性原则。个人中央工作平台涉及较多的信息发布、修改、删除以及发送和接收消息通知的功能，因此平台在开发时要注重用户体验，在操作上更加简单和便捷。同时根据用户特点实现流程化，将各个功能关联的服务整合到业务流程中，每个用户个性化定制自己的流程。以进出口贸易商为例，在进出口双方达成合作后，平台根据业务进展，如物流、报关报检等，为用户推荐相关的贸易商，将配套服务直接关联到总的业务流程中。

（3）可动态扩展原则。在流程和流程环节设计上应具有较强的柔性，从技术架构上支撑修改、增删和更新流程环节，使得流程能够动态自适应改进。如对商品信息的发布、编辑、修改、删除等。

（4）可动态集成原则。服务功能架构上应是使得流程集成可以从粗到细，从流程节点集成到流程过程集成，逐步实现流程的自动化。

（5）安全性原则。个人中央工作平台包含用户的个人身份信息，平台在设计开发时必须严格控制平台管理员的权限，保障用户信息的安全性。

（6）可协同嵌入原则。平台上其他模块的服务，可嵌入到流程的相应环节，比如有着相关业务的用户建立圈子，可以直接通过平台调用微信，方便日后有更多相关合作伙伴加入圈子。

（7）交互性原则。个人中央工作平台涉及商脉圈的沟通交流以及微信的调用，在平台开发时要注意用户之间邀请、推荐的交互性。

坚持以上原则，可以实现个人中央工作平台的有效运营，并且不断根据用户需求进行优化调整。

2.5.3 商品数据库的设计开发原则

（1）可模板化原则。商品种类繁多，具有不同的基本信息和特殊属性，平台在开发时建立商品信息通用模板，便于归类，方便用户查找和使用。

（2）实用性原则。商品数据库所提供的各项商品信息要具有实用性，真正满足用户需求，更好地实现推荐服务与匹配服务，为进出口贸易商带来贸易便利化。

（3）便捷性原则。平台系统后台要对商品数据库中的各项信息按照一定维度进行分类，方便用户通过关键词、类型、产地、发布时间等检索商品。

（4）可追踪审计原则。设计开发时应考虑记录流程的效率效果和评价反馈相关的原始数据，一方面为建立流程提供者与使用者之间的闭环控制，另一方面为流程的持续优化提供数据积累。

（5）可动态扩展原则。在流程和流程环节设计上应具有较强的柔性，从技术架构上支撑修改、增删和更新流程环节，使得流程能够动态自适应改进。如对商品信息的发布、编辑、修改、删除等。

（6）可协同嵌入原则。平台上其他模块的服务，可嵌入到流程的相应环节，比如供应商挑选时即可关联相关的供应商信息和分析报告等，为决策者提供按需服务信息。

总体上，商品数据库的设计开发坚持以上原则，可以推动实现中非两国之间的贸易便利化。

2.5.4　项目投资数据库的设计开发原则

（1）可模板化原则。非洲有众多可投资项目，不同项目涉及不同的行业领域与相关部门和利益相关者、投资回报、风险等，平台在开发时建立项目信息通用模板，便于将信息集成，方便用户查找和使用。

（2）真实性原则。项目投资数据库所提供的各项项目信息要具有真实性和可操作性，要提供可靠的项目信息以及详细的市场需求描述，真正满足资金需求方的需要。更好地实现项目推荐服务与匹配服务，为投资商找到项目，为资金需求方提供切实需要。

（3）便捷性原则。平台系统后台要对项目信息按地区、类型、金额等多维度划分，用户可按不同维度对项目进行关键字搜索，准确地让投资人了解项目信息。同时,根据投资人的浏览记录等行为偏好智能推荐感兴趣的项目。

(4) 安全性原则。项目投资涉及资金、预期回报等敏感信息,以及多个利益相关者,因此平台在设计开发时必须保证项目信息的安全性,保护用户的利益。

(5) 可追踪审计原则。设计开发时应考虑记录流程的效率效果和评价反馈相关的原始数据,一方面为建立流程提供者与使用者之间的闭环控制,另一方面为流程的持续优化提供数据积累。

(6) 可动态扩展原则。在流程和流程环节设计上应具有较强的柔性,从技术架构上支撑修改、增删和更新流程环节,使得流程能够动态自适应改进。如对项目信息的发布、编辑、修改、删除等。

(7) 可协同嵌入原则。平台上其他模块的服务,可嵌入到流程的相应环节,比如投资商在寻找项目时即可获得相关的项目持有人信息、利益相关者信息和分析报告等,为决策者提供按需服务信息。

总体上,项目投资数据库的设计开发坚持以上原则,有利于中非两国项目投资的高效有序进行。

2.5.5 经济信息数据库的设计开发原则

(1) 可模板化原则。经济信息涉及不同的行业领域、政治环境、国别信息、人文地理等方面,平台在开发时建立经济信息通用模板,便于将多个领域的信息集成,方便用户查找和使用。

(2) 真实性原则。经济信息数据库所提供的各项项目信息要具有真实性,要提供可靠的经济信息以及适用情况,真正满足资金需求方的需要。更好地实现经济信息推送服务服务,为平台上的各方用户提供第一手资料,保障切实需要。

(3) 便捷性原则。平台系统后台要对经济信息按地区、类型等多维度划分,用户可按不同维度对经济信息进行关键字搜索,不论是非洲用户还是中国用户,都能准确地了解国外市场。同时,根据用户的浏览记录等行为偏好智能推荐相关的经济信息。

(4) 安全性原则。经济信息涉及一个国家或地区的发展情况、市场行情、人文环境、社会制度、政策措施等，因此平台在设计开发时必须保证项目信息的安全性，保护信息提供者的切身利益。

（5）可追踪审计原则。设计开发时应考虑记录流程的效率效果和评价反馈相关的原始数据，一方面为建立流程提供者与使用者之间的闭环控制，另一方面为流程的持续优化提供数据积累。

（6）可动态扩展原则。在流程和流程环节设计上应具有较强的柔性，从技术架构上支撑修改、增删和更新流程环节，使得流程能够动态自适应改进。如对经济信息的发布、编辑、修改、删除等。

（7）可协同嵌入原则。平台上其他模块的服务，可嵌入到流程的相应环节，比如投资商在寻找项目时即可获得项目在当地的市场需求、行情、法律制度、政府态度、政策支撑等，为投资商提供可靠的当地资讯信息，保障投资商的权益和利益。

总体上，经济信息数据库的设计开发坚持以上原则，有利于中非两国企业或个人相互了解，也便于专家学者进行科研工作。

2.6 中非商贸投资协同服务平台的系统开发需求设计

中非商贸投资协同服务平台的系统应具备良好的可扩展性、复杂操作环境的可适应性、灵活可配置的权限控制、大容量数据操作的快速响应及高可靠性，同时具备在线信息提示，能够实现多种数据格式的转换。并且，系统应支持多级无限扩展应用，符合国际、国内标准规范，能够与其他系统无缝衔接。

2.6.1 中非商贸投资协同服务平台系统功能开发用例图

1. 管理员用例图

（1）管理员用例图概要，如图 2–2 所示。

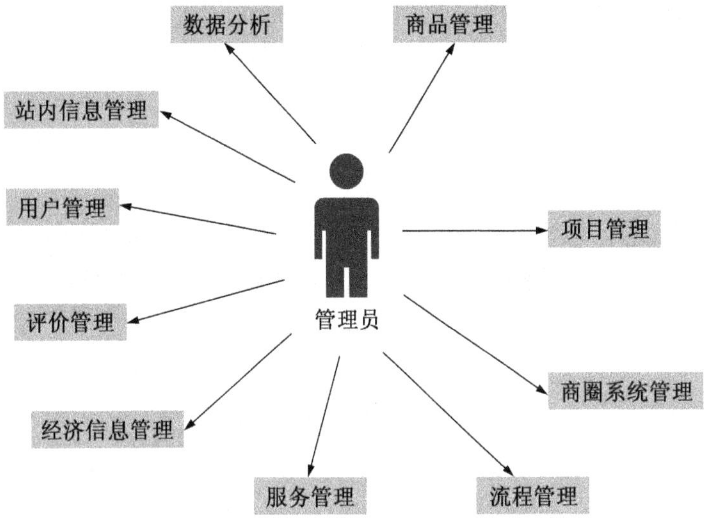

图 2-2　管理员用例图概要

（2）管理员—商品管理用例图，如图 2-3 所示。

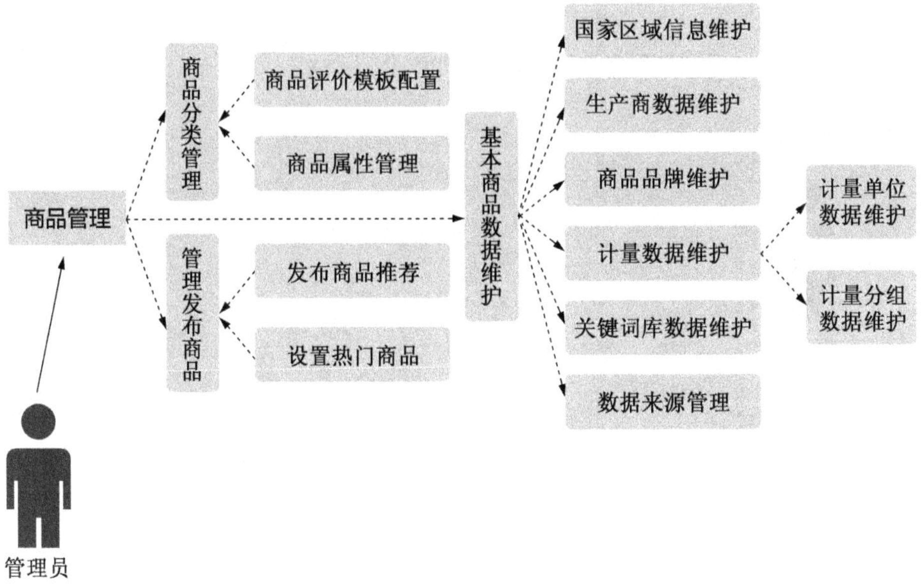

图 2-3　管理员—商品管理用例图

（3）管理员—项目管理用例图，如图 2-4 所示。

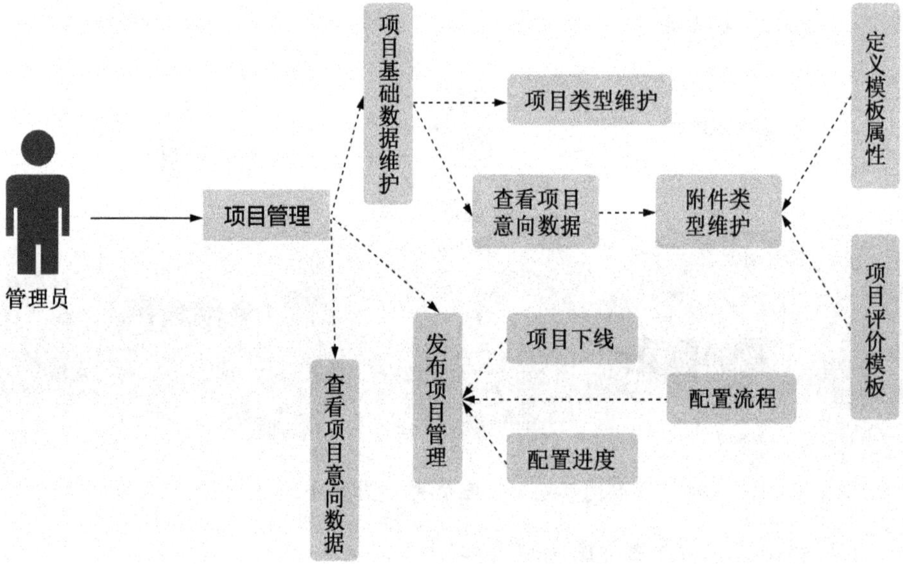

图 2-4　管理员—项目管理用例图

（4）管理员—商圈系统管理用例图，如图 2-5 所示。

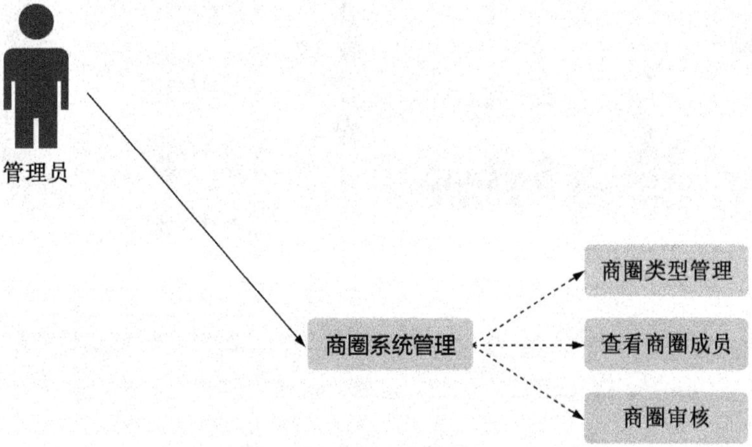

图 2-5　管理员—商圈系统管理用例图

(5) 管理员—流程管理用例图，如图 2-6 所示。

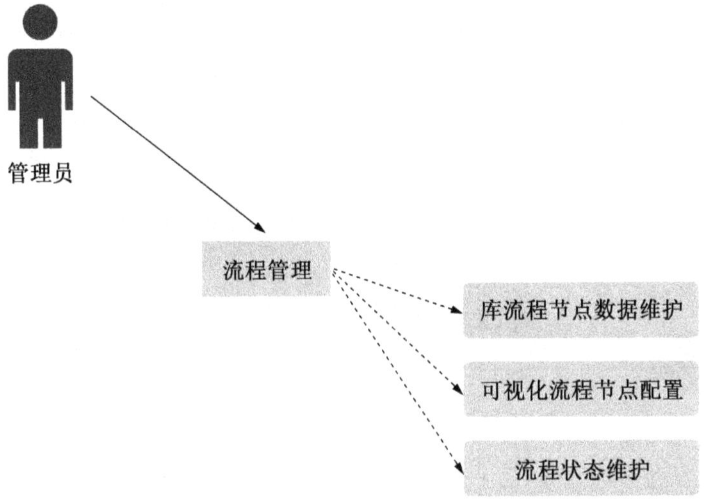

图 2-6　管理员—流程管理用例图

(6) 管理员—服务管理用例图，如图 2-7 所示。

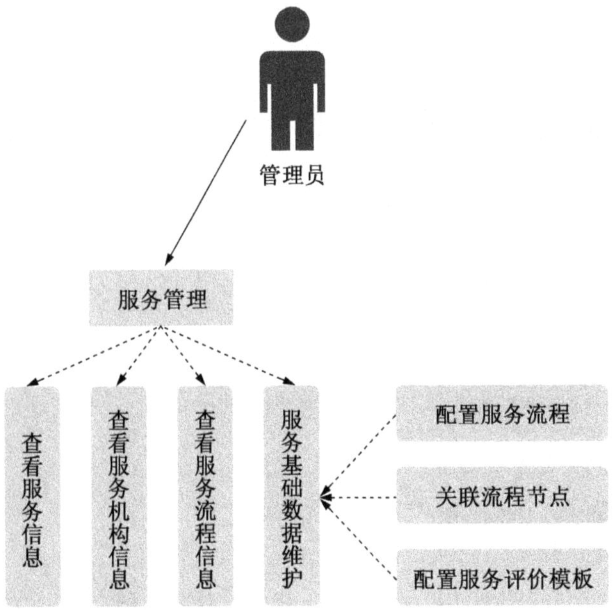

图 2-7　管理员—服务管理用例图

（7）管理员—经济信息管理用例图，如图 2-8 所示。

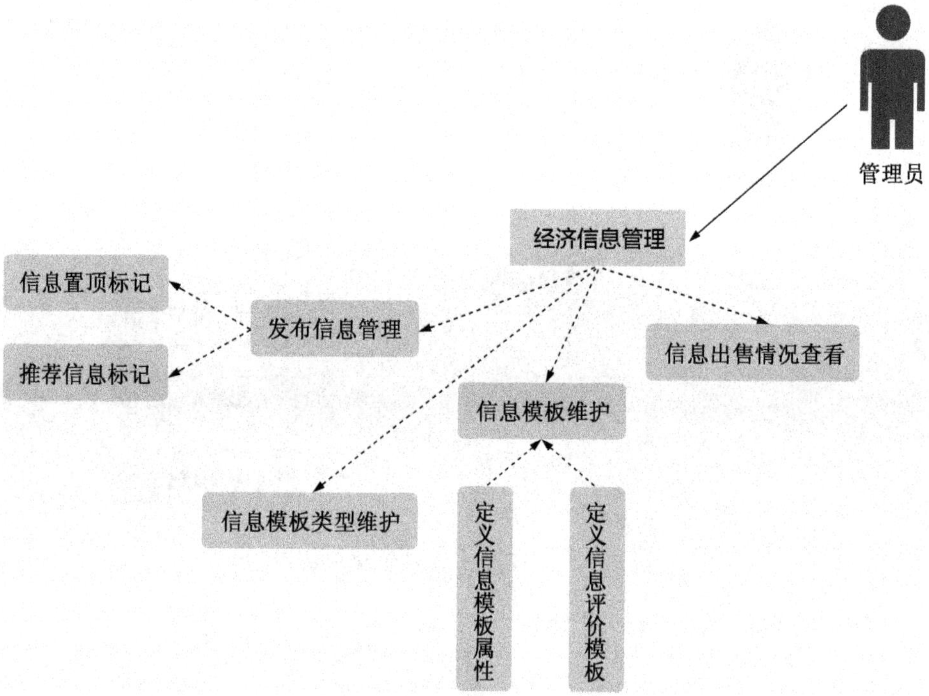

图 2-8　管理员—经济信息管理用例图

（8）管理员—评价管理用例图，如图 2-9 所示。

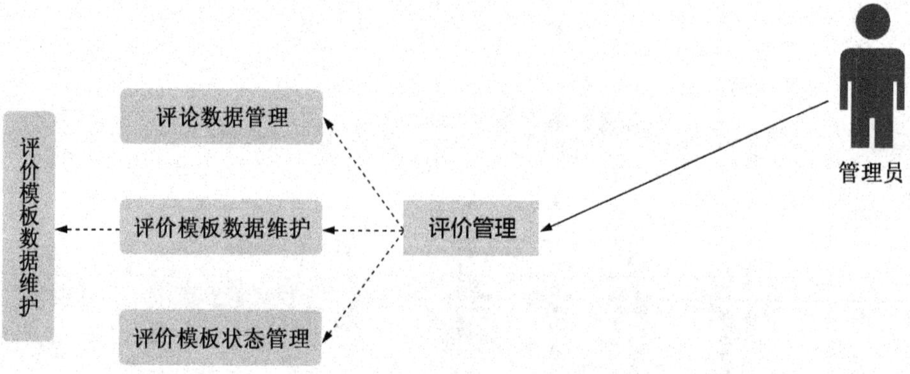

图 2-9　管理员—评价管理用例图

(9) 管理员—站内信管理用例图,如图 2-10 所示。

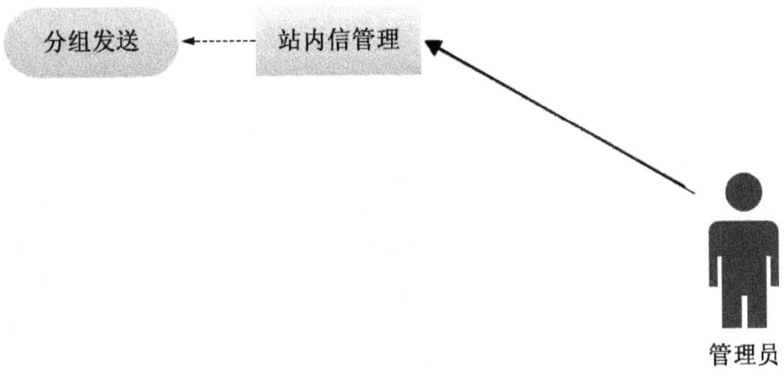

图 2-10　管理员—站内信管理用例图

(10) 管理员—数据分析用例图,如图 2-11 所示。

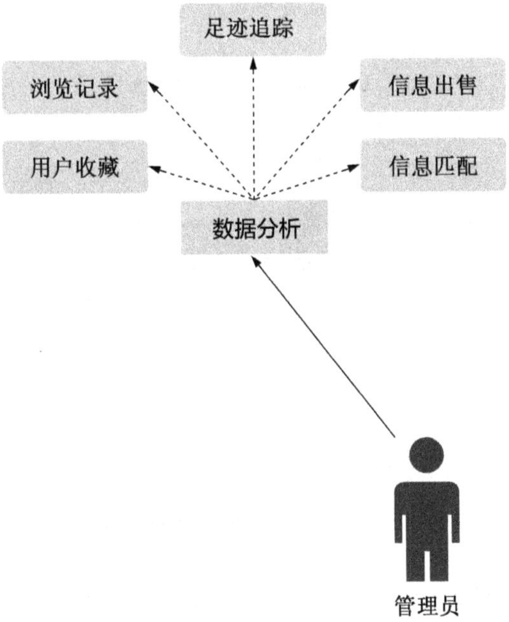

图 2-11　管理员—数据分析用例图

2. 超级管理员用例图

（1）超级管理员用例图概要，如图 2-12 所示。

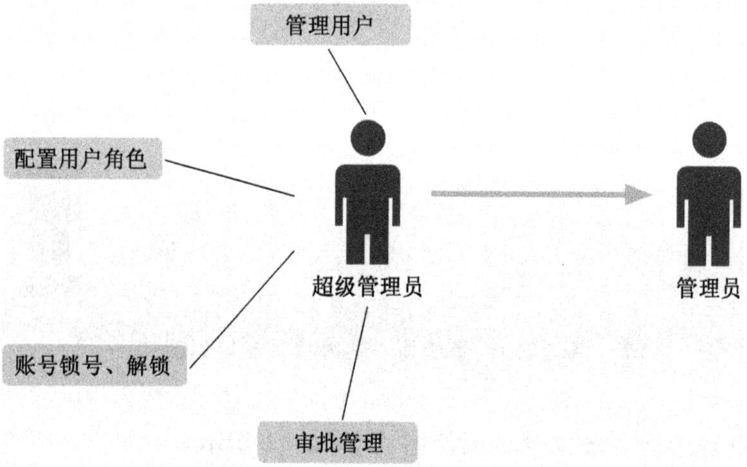

图 2-12　超级管理员用例图概要

（2）超级管理员—审批管理用例图，如图 2-13 所示。

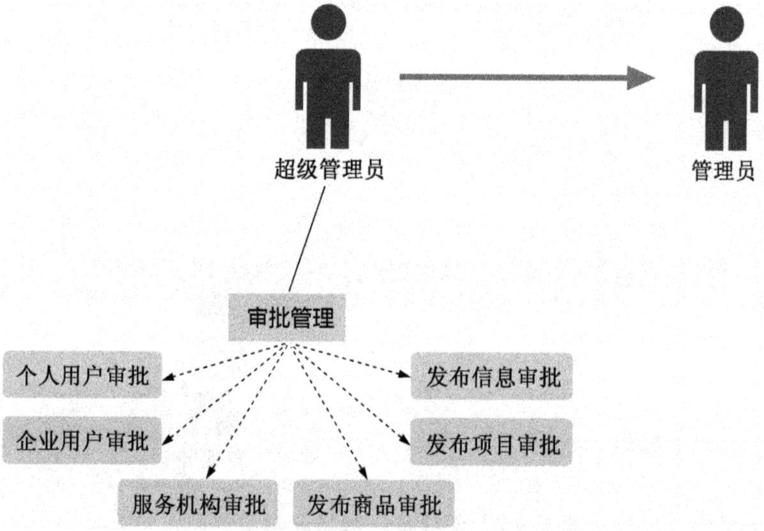

图 2-13　超级管理员—审批管理用例图

(3) 超级管理员—管理用户用例图，如图 2-14 所示。

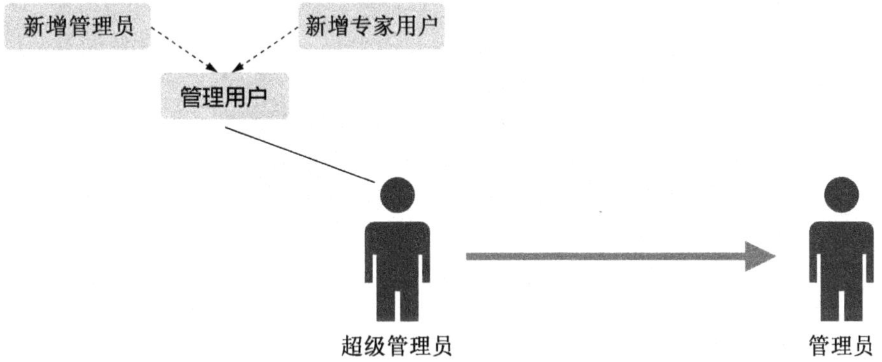

图 2-14 超级管理员—管理用户用例图

3. 系统管理员用例图

系统管理员用例图，如图 2-15 所示。

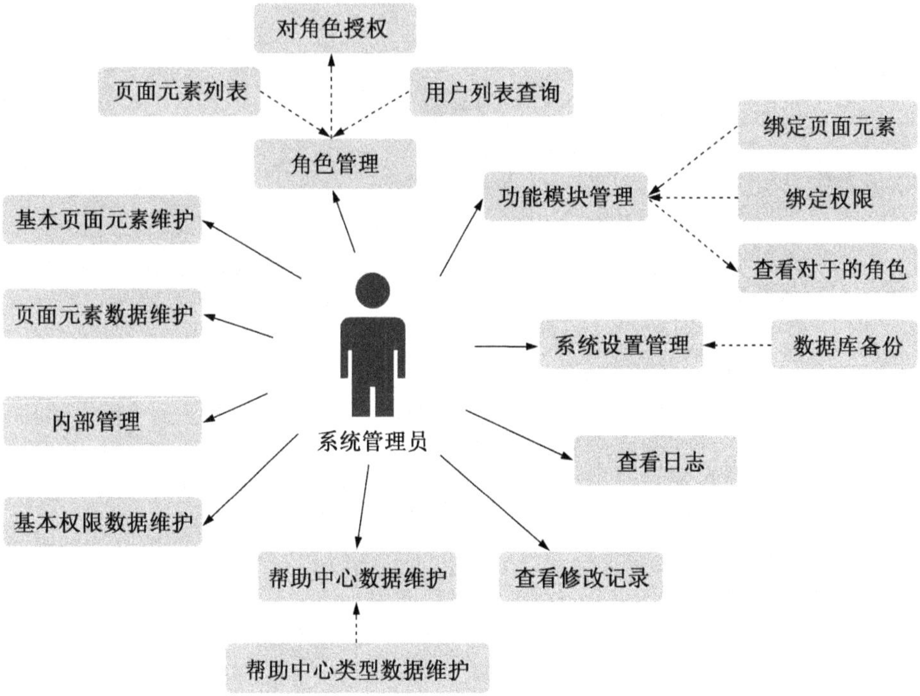

图 2-15 系统管理员用例图概要

4. 游客用例图

游客用例图，如图 2–16 所示。

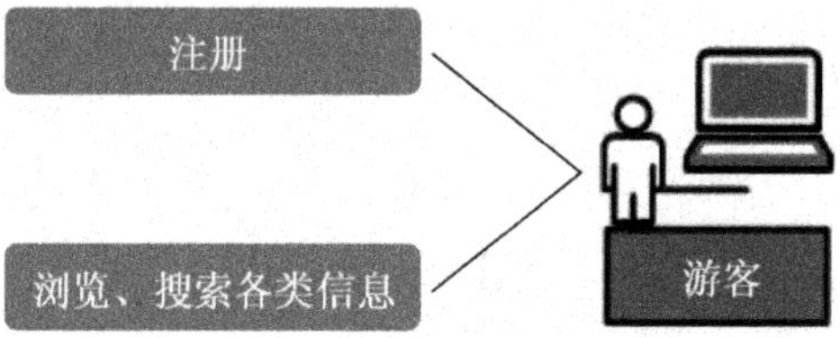

图 2–16　游客用例图

5. 注册用户用例图

注册用户用例图，如图 2–17 所示。

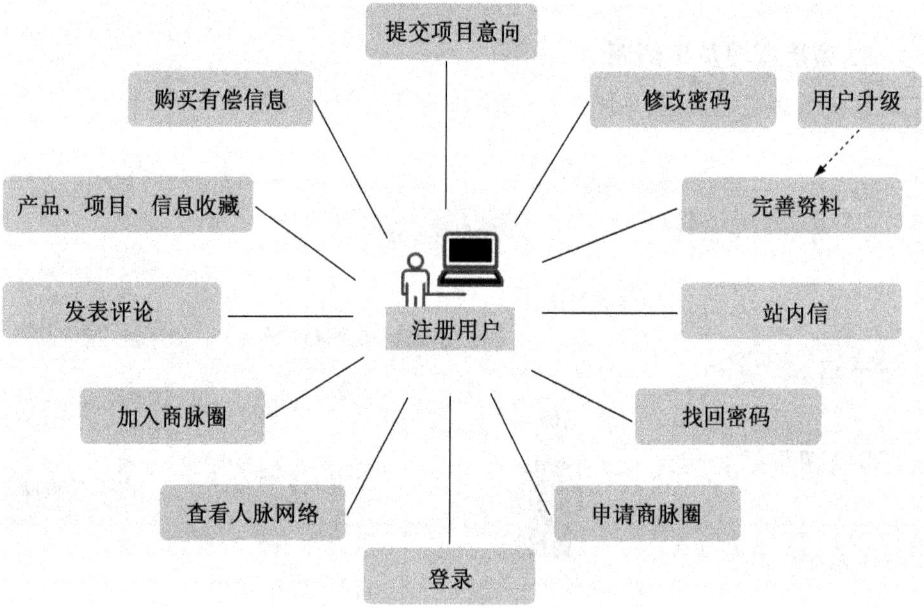

图 2–17　注册用户用例图

6. 个人用户用例图

个人用户用例图，如图 2-18 所示。

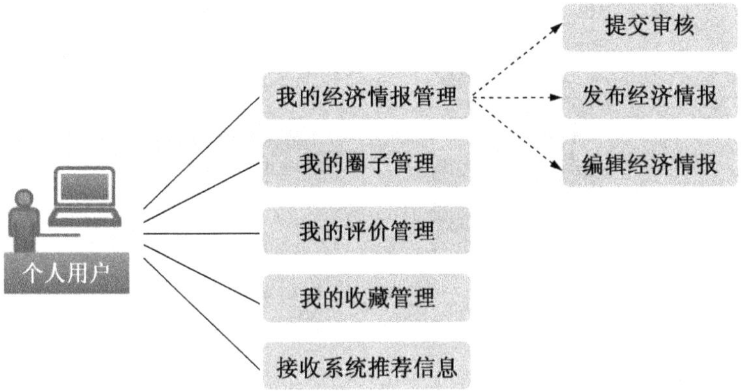

图 2-18　个人用户用例图

7. 企业用户用例图

企业用户用例图，如图 2-19 所示。

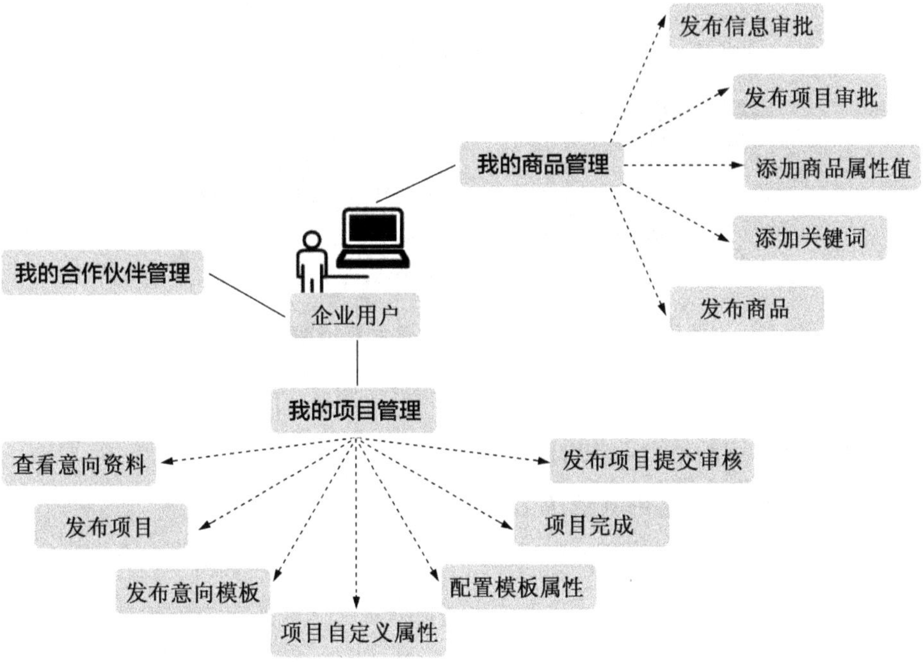

图 2-19　企业用户用例图

8. 服务机构用户用例图

服务机构用户用例图，如图 2–20 所示。

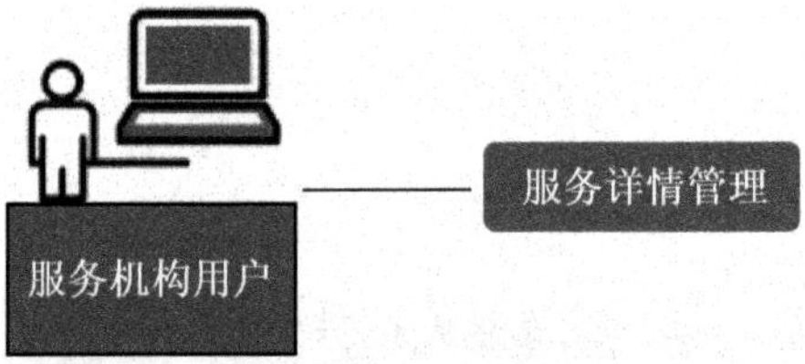

图 2–20 服务机构用户用例图

9. 专家学者用户用例图

专家学者用户用例图，如图 2–21 所示。

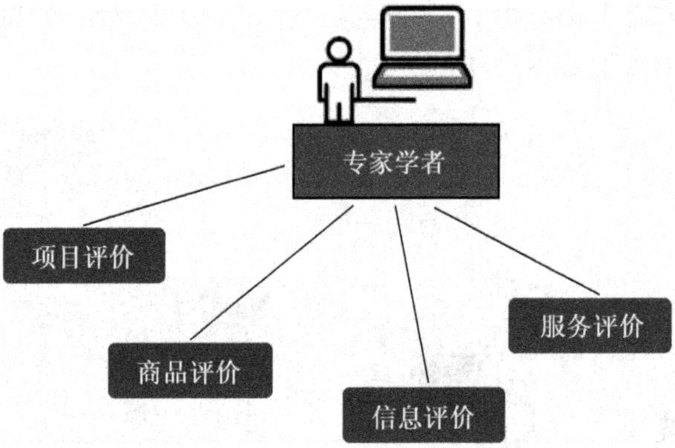

图 2–21 专家学者用户用例图

10. 用户之间交互关系用例图

用户之间交互关系用例图，如图 2–22 所示。

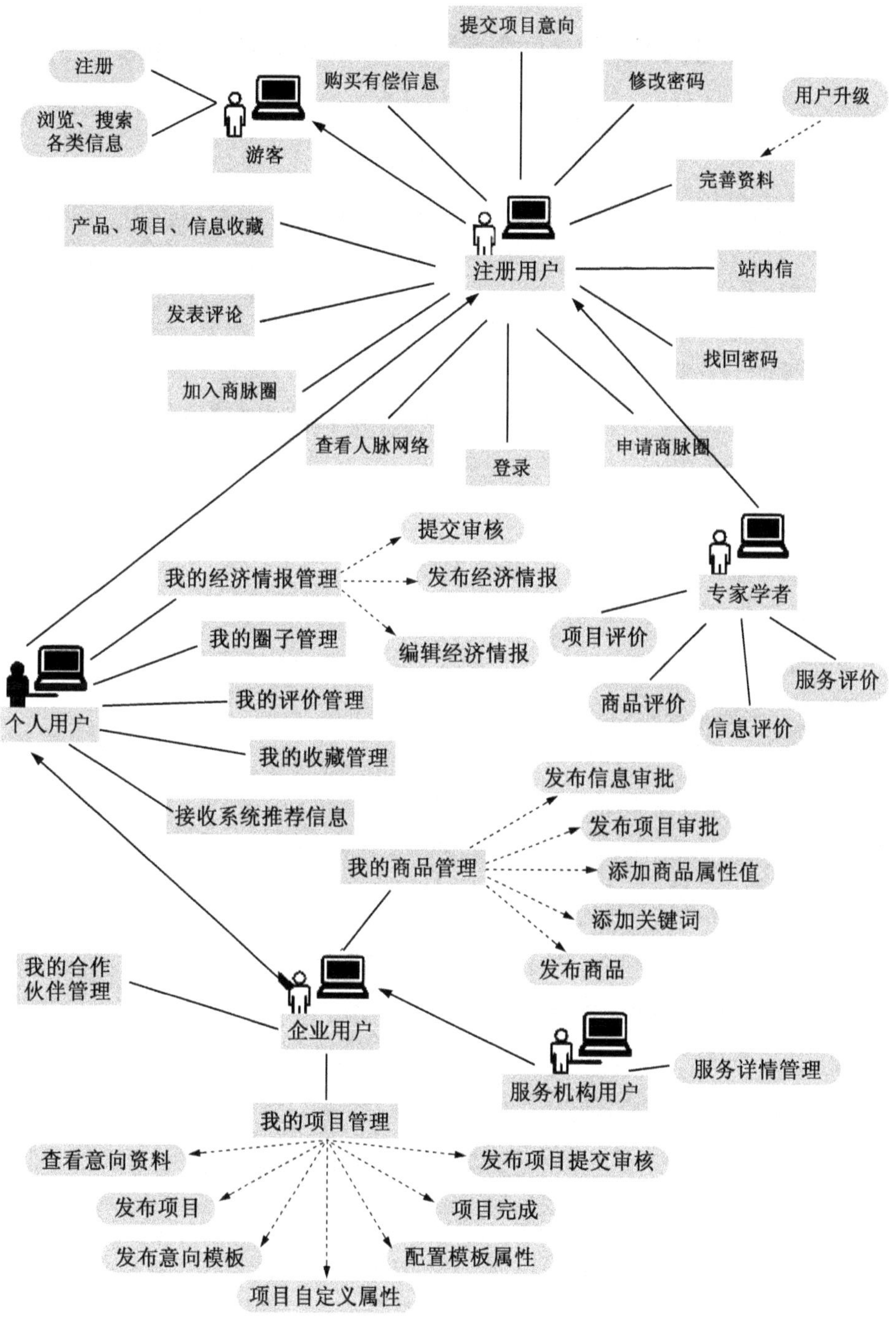

图 2-22　用户之间交互关系用例图

2.6.2 中非商贸投资协同服务平台系统功能开发需求描述

1.商品中心功能需求描述

案例 1

功能编号	ZF-SP-101	功能名称	国家区域信息维护
角　　色	管理员	优 先 级	高
简要描述	描述管理员对国家区域信息进行维护		
执行条件	拥有相应的操作权限		

功能详细描述——详细描述该功能项所执行的操作及其响应

1）国家管理

（1）新增

① 输入国家名称、英文名称、国旗图标

② 将该国家信息写入系统

（2）删除

选择一个国家进行删除

（3）编辑

① 选择一个国家进行编辑

② 输入国家名称、英文名称、国旗图标

③ 修改系统中该国家的信息

（4）查询

根据名称进行模糊查询

2）区域管理

（1）新增

① 输入区域名称、区域英文名，选择国家、上级区域。

② 系统验证该 actor 输入的区域名称，写入系统

（2）编辑

① 选择一个区域进行编辑

② 输入区域名称、区域英文名，选择国家、上级区域。

③ 系统验证该 actor 输入的区域名称,修改该区域信息

(3) 删除

选择一个区域进行删除

(4) 查询

根据名称、所属国家、所属区域进行模糊查询

异常响应描述 ——详细描述该功能项所执行的操作出现的异常响应

1) 国家管理

删除

若该数据已被引用将不可删除,提示'请联系管理员'

2) 区域管理

(1) 新增

同一上级区域、同一区域名称已存在系统中,提示'请联系管理员'

(2) 删除

若该数据已被引用将不可删除,提示'请联系管理员'

(3) 编辑

同一上级区域、同一区域名称已存在系统中,提示'请联系管理员'

处理结果	成功填写将该 actor 输入的国家区域信息写入系统;或者填写验证不成功,显示错误信息
特定要求	无
外部接口	无
补充说明	查询展示的是以'所属区域'为'上一级地区'的数据

案例 2

功能编号	ZF-SP-102	**功能名称**	生产厂商数据维护
角　　色	管理员	**优 先 级**	高
简要描述	描述管理员对生产厂商数据进行维护		
执行条件	拥有相应的操作权限		

功能详细描述 ——详细描述该功能项所执行的操作及其响应

(1) 新增

① 填写厂商名称、厂商地址两个必填项

② 写入系统

(2) 删除

选择一个生产厂商进行删除

(3) 编辑

① 选择一个生产厂商进行编辑

② 填写厂商名称、厂商地址两个必填项

③ 系统验证信息,修改该厂商信息

(4) 查询

根据厂商名称进行模糊查询

(5) 通过

选择一个厂商通过审核

(6) 不通过

选择一个厂商拒绝通过审核

异常响应描述 ——详细描述该功能项所执行的操作出现的异常响应

删除

若该数据已被引用将不可删除,提示'请联系管理员'

处理结果	成功填写将该 actor 输入的生产厂商数据写入系统;或者填写验证不成功,显示错误信息
特定要求	无
外部接口	无
补充说明	审核功能适用于多级管理的场合

案例 3

功能编号	ZF-SP-103	**功能名称**	商品品牌维护
角　　色	管理员	**优 先 级**	高
简要描述	描述管理员对商品品牌数据进行维护		

执行条件　　拥有相应的操作权限

功能详细描述 ——详细描述该功能项所执行的操作及其响应

（1）新增

① 填写品牌名称、Logo 两个必填项

② 写入系统

（2）删除

选择一个商品品牌进行删除

（3）编辑

① 选择一个商品品牌进行编辑

② 填写品牌名称、Logo 两个必填项

③ 修改该品牌信息

（4）查询

根据品牌名称进行模糊查询

异常响应描述 ——详细描述该功能项所执行的操作出现的异常响应

删除

若该数据已被引用将不可删除，提示‘请联系管理员’

处理结果　　成功填写将该 actor 输入的商品品牌数据写入系统；或者填写验证不成功，显示错误信息

特定要求　　无

外部接口　　无

补充说明　　无

案例 4

功能编号	ZF-SP-104	**功能名称**	计量数据维护
角　　色	管理员	**优 先 级**	高

简要描述　　描述管理员对计量数据进行维护

执行条件　　拥有相应的操作权限

功能详细描述 ——详细描述该功能项所执行的操作及其响应

(1) 计量分组

新增

① 填写计量单位组名称、基本计量单位

② 写入系统

删除

选择一个计量分组进行删除

编辑

① 选择一个计量分组进行编辑

② 填写计量单位组名称、基本计量单位

③ 修改该计量分组信息

查询

根据计量单位组名称进行模糊查询

(2) 计量单位

新增

① 选择计量单位组,填写计量单位名称、计量单位换算率

② 写入系统

删除

选择一个计量单位进行删除

编辑

① 选择一个计量单位进行编辑

② 选择计量单位组,填写计量单位名称、计量单位换算率

③ 修改该计量单位信息

查询

根据计量单位名称进行模糊查询

异常响应描述 ——详细描述该功能项所执行的操作出现的异常响应

(1) 计量分组

删除

若该数据已被引用将不可删除,提示'请联系管理员'

（2）计量单位

删除

若该数据已被引用将不可删除，提示'请联系管理员'

处理结果	成功填写将该 actor 输入的计量数据写入系统；或者填写验证不成功，显示错误信息
特定要求	无
外部接口	无
补充说明	每一组计量单位具有一个基本计量单位，用于以后的数据统计分析换算

案例 5

功能编号	ZF-SP-105	功能名称	关键词库数据维护
角　　色	管理员	优 先 级	高
简要描述	描述管理员对关键词库数据进行维护		
执行条件	拥有相应的操作权限		

功能详细描述 ——详细描述该功能项所执行的操作及其响应

（1）新增

① 填写关键词

② 写入系统

（2）删除

选择一个关键词进行删除

（3）编辑

① 选择一个关键词进行编辑

② 填写关键词

③ 修改该关键词

（4）查询

根据关键词名称进行模糊查询

异常响应描述 ——详细描述该功能项所执行的操作出现的异常响应

删除

若该数据已被引用将不可删除，提示‘请联系管理员’

处理结果 成功填写将该 actor 输入的关键词库数据写入系统；或者填写验证不成功，显示错误信息

特定要求 无

外部接口 无

补充说明 同一关键词不可重复添加

案例 6

功能编号 ZF-SP-106 **功能名称** 数据来源维护

角　　色 管理员 **优 先 级** 高

简要描述 描述管理员对数据来源进行维护

执行条件 拥有相应的操作权限

功能详细描述 ——详细描述该功能项所执行的操作及其响应

(1) 新增

① 填写名称、网址

② 写入系统

(2) 删除

选择一个数据来源进行删除

(3) 编辑

① 选择一个数据来源进行编辑

② 填写名称、网址

③ 修改该数据来源

(4) 查询

根据数据来源名称进行模糊查询

异常响应描述 ——详细描述该功能项所执行的操作出现的异常响应

删除

若该数据已被引用将不可删除，提示‘请联系管理员’

处理结果 成功填写将该 actor 输入的数据来源写入系统;或者填写验证不成功,显示错误信息

特定要求 无

外部接口 无

补充说明 无

案例 7

功能编号	ZF-SP-107	**功能名称**	商品分类维护
角　　色	管理员	**优 先 级**	高

简要描述 描述管理员对商品分类进行维护

执行条件 拥有相应的操作权限

功能详细描述 ——详细描述该功能项所执行的操作及其响应

(1) 新增

① 填写名称,选择父类型、类型图标、是否显示首页

② 写入系统

(2) 删除

选择一个商品分类进行删除

(3) 编辑

① 选择一个商品分类进行编辑

② 填写名称,选择父类型、类型图标、是否显示首页

③ 修改该数据来源

(4) 查询

根据分类名称、父级进行模糊查询

(5) 评价模板

① 选择一个商品分类配置评价模板

② 选择一个模板

③ 写入系统

异常响应描述 ——详细描述该功能项所执行的操作出现的异常响应

删除

若该数据已被引用将不可删除，提示'请联系管理员'

处理结果　成功填写将该 actor 输入的商品分类数据写入系统；或者填写验证不成功，显示错误信息

特定要求　无

外部接口　无

补充说明　无

案例 8

功能编号	ZF-SP-108	功能名称	商品分类—商品属性维护
角　色	管理员	优 先 级	高

简要描述　描述管理员对商品分类进行维护

执行条件　拥有相应的操作权限，选择一条商品分类

功能详细描述——详细描述该功能项所执行的操作及其响应

（1）新增

① 填写属性名称必填属性

② 写入系统

（2）删除

选择一个商品属性进行删除

（3）编辑

① 选择一个商品属性

② 填写属性名称必填属性

③ 修改该商品属性

（4）配置搜索特性

①新增

1.1　填写显示值、真实值

1.2　写入系统

② 删除

选择一个搜索特性进行删除

异常响应描述 ——详细描述该功能项所执行的操作出现的异常响应

删除

若该数据已被引用将不可删除,提示'请联系管理员'

处理结果	成功填写将该 actor 输入的商品属性写入系统;或者填写验证不成功,显示错误信息
特定要求	约束条件使用正则表达式'^+$'
外部接口	无
补充说明	无

案例 9

功能编号	ZF-SP-109	**功能名称**	基本商品数据维护
角　　色	管理员	**优 先 级**	高

简要描述　描述管理员对基本商品数据进行维护

执行条件　需先配置商品类型、通用计量单位组、通用计量单位、产地

功能详细描述 ——详细描述该功能项所执行的操作及其响应

(1) 新增

① 填写海关编码、商品名称、商品描述等必填属性

② 写入系统

(2) 删除

选择一个基本商品进行删除

(3) 编辑

① 选择一个基本商品

② 填写海关编码、商品名称、商品描述等必填属性

③ 修改该基本商品

(4) 查询

① 根据商品名称进行模糊查询

② 根据用户、商品分类、开始时间、结束时间进行精准查询

异常响应描述 ——详细描述该功能项所执行的操作出现的异常响应

删除

若该数据已被引用将不可删除,提示'请联系管理员'

处理结果　成功填写将该 actor 输入的基本商品写入系统;或者填写验证不成功,显示错误信息

特定要求　无

外部接口　无

补充说明

案例 10

功能编号	ZF-SP-110	**功能名称**	商品数据维护
角　　色	管理员	**优 先 级**	高

简要描述　描述管理员对商品数据进行维护

执行条件　拥有相应的操作权限

功能详细描述 ——详细描述该功能项所执行的操作及其响应

(1) 删除

选择一个商品数据进行删除

(2) 查询

① 根据商品标题进行模糊查询

② 根据所属国家、所属区域、开始时间、结束时间……进行精准查询

(3) 查看商品属性值

① 选择一个商品数据

② 查看数据

③ 查询

根据属性值名称进行模糊查询

(4) 推荐

① 选择一个商品

② 将其作为推荐商品

（5）热门

① 选择一个商品

② 将其作为热门商品

异常响应描述 ——详细描述该功能项所执行的操作出现的异常响应

无

处理结果　成功将更改商品对应状态;或者更改失败,显示错误信息

特定要求　无

外部接口　无

补充说明　无

2. 项目中心功能需求描述

案例1

功能编号	ZF-XM-101	**功能名称**	项目类型维护
角　　色	管理员	**优 先 级**	高

简要描述　描述管理员对项目类型数据进行维护

执行条件　拥有相应的操作权限

功能详细描述 ——详细描述该功能项所执行的操作及其响应

（1）新增

① 选择父类型编号和填写类型名称、项目类型说明

② 写入系统

（2）删除

选择一个项目类型进行删除

（3）编辑

① 选择一个项目类型进行编辑

② 选择父类型编号和填写类型名称、项目类型说明

③ 修改该项目类型信息

（4）查询

根据类型名称进行模糊查询

(5) 评价模板

① 选择一个项目类型

② 选择模板

③ 写入系统

异常响应描述 ——详细描述该功能项所执行的操作出现的异常响应

删除

若该数据已被引用将不可删除,提示'请联系管理员'

处理结果	成功填写将该 actor 输入的项目类型数据写入系统;或者填写验证不成功,显示错误信息
特定要求	无
外部接口	无
补充说明	无

案例 2

功能编号	ZF-XM-102	**功能名称**	项目类型—定义模板属性
角　　色	管理员	**优 先 级**	高
简要描述	描述管理员对模板属性数据进行维护		
执行条件	拥有相应的操作权限,需选择一条项目类型		

功能详细描述 ——详细描述该功能项所执行的操作及其响应

(1) 新增

① 填写属性名称必填项

② 写入系统

(2) 删除

选择一个模板属性进行删除

(3) 编辑

① 选择一个模板属性进行编辑

② 填写属性名称必填项

③ 修改该项目类型信息

异常响应描述——详细描述该功能项所执行的操作出现的异常响应

无

处理结果 成功填写将该 actor 输入的模板属性数据写入系统;或者填写验证不成功,显示错误信息

特定要求 无

外部接口 无

补充说明 无

案例 3

功能编号 ZF-XM-103 **功能名称** 附件类型维护

角　　色 管理员 **优 先 级** 高

简要描述 描述管理员对附件类型数据进行维护

执行条件 需选择一条项目类型

功能详细描述——详细描述该功能项所执行的操作及其响应

(1) 新增

① 填写附件扩展名、附件类型名称

② 写入系统

(2) 删除

选择一个附件类型进行删除

(3) 编辑

① 选择一个附件类型进行编辑

② 填写附件扩展名、附件类型名称

③ 修改该附件类型信息

异常响应描述——详细描述该功能项所执行的操作出现的异常响应

删除

若该数据已被引用将不可删除,提示'请联系管理员'

处理结果 成功填写将该 actor 输入的附件类型数据写入系统;或者填写验证不成功,显示错误信息

特定要求　无

外部接口　无

补充说明　整个系统只允许上传此处添加的附件类型

案例 4

功能编号	ZF-XM-104	功能名称	项目数据维护
角　　色	管理员	优 先 级	高

简要描述　描述管理员对项目数据进行维护

执行条件　拥有相应的操作权限

功能详细描述——详细描述该功能项所执行的操作及其响应

(1) 查看意向数据详情

① 选择一个项目数据

② 查看意向数据详情

(2) 下线

① 选择一个项目数据

② 项目下线

(3) 配置流程

① 选择一个项目数据

② 选择项目所需要走的流程

③ 写入系统

(4) 配置进度(需先配置流程)

① 选择一个项目数据

② 选择项目当前的进度

③ 写入系统

异常响应描述——详细描述该功能项所执行的操作出现的异常响应

无

处理结果　成功将项目数据数据写入系统;或者不成功,显示错误信息

特定要求　无

外部接口　无
补充说明　无

案例 5

功能编号	ZF-XM-105	功能名称	查看项目意向数据
角　　色	管理员	优 先 级	高

简要描述　描述管理员查看项目意向数据
执行条件　拥有相应的操作权限
功能详细描述 ——详细描述该功能项所执行的操作及其响应
（1）查询
根据项目名称模糊查询
异常响应描述 ——详细描述该功能项所执行的操作出现的异常响应
无
处理结果　查看项目意向数据
特定要求　无
外部接口　无
补充说明　无

3. 服务中心功能需求描述

案例 1

功能编号	ZF-FW-101	功能名称	查看服务信息
角　　色	管理员	优 先 级	高

简要描述　描述管理员查看服务信息
执行条件　拥有相应的操作权限
功能详细描述 ——详细描述该功能项所执行的操作及其响应
（1）查询
根据服务机构、服务精准查询
（2）删除

① 选择一条服务信息

② 删除该服务信息

异常响应描述 ——详细描述该功能项所执行的操作出现的异常响应

无

处理结果　成功管理服务信息;或者管理失败,显示错误信息

特定要求　无

外部接口　无

补充说明　无

案例 2

功能编号	ZF-FW-102	**功能名称**	查看服务机构信息
角　色	管理员	**优先级**	高

简要描述　描述管理员查看服务机构信息

执行条件　拥有相应的操作权限

功能详细描述 ——详细描述该功能项所执行的操作及其响应

(1) 查询

根据机构名称模糊查询,状态精准查询

(2) 删除

① 选择一个服务机构

② 删除该服务机构

异常响应描述 ——详细描述该功能项所执行的操作出现的异常响应

无

处理结果　成功管理服务机构信息;或者管理失败,显示错误信息。

特定要求　无

外部接口　无

补充说明　无

案例 3

功能编号	ZF-FW-103	**功能名称**	查看服务流程信息
角　　色	管理员	**优 先 级**	高

简要描述　描述管理员查看服务流程信息

执行条件　拥有相应的操作权限

功能详细描述——详细描述该功能项所执行的操作及其响应

（1）查询

根据服务流程名称模糊查询，第三方服务精准查询

（2）删除

① 选择一个服务流程

② 删除该服务流程

异常响应描述——详细描述该功能项所执行的操作出现的异常响应

无

处理结果　成功管理服务流程信息；或者管理失败，显示错误信息

特定要求　无

外部接口　无

补充说明　无

案例 4

功能编号	ZF-FW-104	**功能名称**	服务基础数据维护
角　　色	管理员	**优 先 级**	高

简要描述　描述管理员服务基础数据维护

执行条件　拥有相应的操作权限

功能详细描述——详细描述该功能项所执行的操作及其响应

（1）新增

① 填写服务名称和图标

② 写入系统

（2）删除

① 选择一个服务

② 删除该服务

(3) 编辑

① 填写服务名称和图标

② 修改该服务

异常响应描述 ——详细描述该功能项所执行的操作出现的异常响应

无

处理结果　成功管理服务基础数据;或者管理失败,显示错误信息

特定要求　无

外部接口　无

补充说明　无

案例 5

功能编号　ZF-FW-105　**功能名称**　服务基础数据—配置流程

角　　色　管理员　**优 先 级**　高

简要描述　描述管理员配置服务流程

执行条件　拥有相应的操作权限,选择一条服务数据

功能详细描述 ——详细描述该功能项所执行的操作及其响应

(1) 配置流程

① 填写名称,选择流程

② 写入系统

异常响应描述 ——详细描述该功能项所执行的操作出现的异常响应

无

处理结果　成功配置服务流程;或者配置失败,显示错误信息

特定要求　无

外部接口　无

补充说明　无

案例6

功能编号　ZF-FW-106　功能名称　服务基础数据—配置节点

角　　色　管理员　优 先 级　高

简要描述　描述管理员配置服务节点

执行条件　拥有相应的操作权限,选择一条服务数据

功能详细描述 ——详细描述该功能项所执行的操作及其响应

(1) 配置节点

① 选择流程、节点

② 写入系统

异常响应描述 ——详细描述该功能项所执行的操作出现的异常响应

无

处理结果　成功配置服务节点;或者配置失败,显示错误信息

特定要求　无

外部接口　无

补充说明　无

案例7

功能编号　ZF-FW-107　功能名称　服务基础数据—评价模板

角　　色　管理员　优 先 级　高

简要描述　描述管理员 配置服务评价模板

执行条件　拥有相应的操作权限,选择一条服务数据

功能详细描述 ——详细描述该功能项所执行的操作及其响应

(1) 评价模板

① 选择评价模板

② 写入系统

异常响应描述 ——详细描述该功能项所执行的操作出现的异常响应

无

处理结果　成功配置评价模板;或者配置失败,显示错误信息

特定要求　　无

外部接口　　无

补充说明　　无

案例 8

功能编号	ZF-FW-108	功能名称	流程管理
角　　色	管理员	优 先 级	高

简要描述　　描述管理员对流程进行维护

执行条件　　拥有相应的操作权限

功能详细描述 ——详细描述该功能项所执行的操作及其响应

(1) 新增

① 选择类型,填写描述

② 写入系统

(2) 删除

① 选择一个流程

② 删除该流程

(3) 编辑

① 选择一个流程

② 选择类型,填写描述

③ 修改该流程

异常响应描述 ——详细描述该功能项所执行的操作出现的异常响应

无

处理结果　　成功将该 actor 输入的流程数据写入系统；或者验证不成功，显示错误信息

特定要求　　无

外部接口　　无

补充说明　　无

案例 9

功能编号 ZF-FW-109 功能名称 流程管理—状态维护

角　　色 管理员 优 先 级 高

简要描述 描述管理员对流程状态进行维护

执行条件

拥有相应的操作权限,选择一条流程

功能详细描述 ——详细描述该功能项所执行的操作及其响应

(1) 正常

① 选择一条流程

② 修改状态为正常状态

(2) 弃用

① 选择一条流程

② 修改状态为弃用状态

异常响应描述 ——详细描述该功能项所执行的操作出现的异常响应

无

处理结果 成功将该 actor 选择的流程状态改变;或者改变不成功,显示错误信息

特定要求 无

外部接口 无

补充说明 无

案例 10

功能编号 ZF-FW-110 功能名称 流程管理—可视节点

角　　色 管理员 优 先 级 高

简要描述 描述管理员对流程节点进行维护

执行条件 拥有相应的操作权限,选择一条流程

功能详细描述 ——详细描述该功能项所执行的操作及其响应

(1) 可视节点

① 拖拽左边‘开始’‘新节点’‘结束’三个控件到右边画布中

② 双击控件，编辑控件

③ 填写节点名称，选择颜色

④ 保存节点操作

⑤ 写入系统

异常响应描述 ——详细描述该功能项所执行的操作出现的异常响应

写入系统

若该流程节点已被使用，将整个流程不可更改，提示‘该流程已被使用，不可修改’

处理结果	成功将该 actor 配置的节点写入系统；或者写入不成功，显示错误信息
特定要求	无
外部接口	无
补充说明	无

案例 11

功能编号	ZF-FW-111	**功能名称**	库流程节点数据维护
角　　色	管理员	**优 先 级**	高
简要描述	描述管理员对库流程节点数据维护		
执行条件	拥有相应的操作权限		

功能详细描述 ——详细描述该功能项所执行的操作及其响应

（1）新增

① 填写节点名称，选择执行角色、所属流程、节点类型、上级节点

② 写入系统

（2）删除

① 选择一个节点

② 删除该节点

（3）编辑

① 选择一个节点

② 填写节点名称,选择执行角色、所属流程、节点类型、上级节点

③ 修改该节点

异常响应描述 ——详细描述该功能项所执行的操作出现的异常响应

删除

若该数据已被引用将不可删除,提示'请联系管理员'

处理结果 成功将该 actor 填写的节点写入系统;或者写入不成功,显示错误信息

特定要求 无

外部接口 无

补充说明 无

4. 经济情报中心功能需求描述

案例 1

功能编号 ZF-INFO-101 **功能名称** 信息管理

角　　色 管理员 **优 先 级** 高

简要描述 描述管理员对信息进行维护

执行条件 拥有相应的操作权限

功能详细描述 ——详细描述该功能项所执行的操作及其响应

(1) 查看详情

① 选择一条信息

② 查看详情

(2) 推荐

① 选择一条信息

② 推荐该信息

(3) 置顶

① 选择一条信息

③ 置顶该信息

（4）删除

① 选择一条信息

② 删除该信息

（5）查询

根据模板名称、用户账号模糊查询，根据状态、日期精准查询

异常响应描述 ——详细描述该功能项所执行的操作出现的异常响应

无

处理结果　成功管理信息；或者管理不成功，显示错误信息。

特定要求　无

外部接口　无

补充说明　无

案例 2

功能编号　ZF-INFO-102　**功能名称**　信息模板类型维护

角　　色　管理员　**优 先 级**　高

简要描述　描述管理员对信息模板类型进行维护

执行条件　拥有相应的操作权限

功能详细描述 ——详细描述该功能项所执行的操作及其响应

（1）新增

① 填写模板类型名称，选择父类型、模板展示类型

② 写入系统

（2）删除

① 选择一条信息模板类型

② 删除该信息模板类型

（3）编辑

① 选择一条信息模板类型

② 填写模板类型名称，选择父类型、模板展示类型

③ 修改该信息模板类型

异常响应描述 ——详细描述该功能项所执行的操作出现的异常响应

删除

若该数据已被引用将不可删除,提示'请联系管理员'

处理结果 成功填写将该 actor 输入的信息模板类型数据写入系统;或者填写验证不成功,显示错误信息

特定要求 无

外部接口 无

补充说明 无

案例 3

功能编号	ZF-INFO-103	**功能名称**	信息模板维护
角　　色	管理员	**优 先 级**	高

简要描述 描述管理员对信息模板进行维护

执行条件 拥有相应的操作权限

功能详细描述 ——详细描述该功能项所执行的操作及其响应

(1) 新增

① 填写模板名称,选择模板类型

② 写入系统

(2) 删除

① 选择一条信息模板

② 删除该信息模板

(3) 编辑

① 选择一条信息模板

② 填写模板名称,选择模板类型

③ 修改该信息模板

(4) 查询

根据模板名称模糊查询,模板类型精准查询

异常响应描述 ——详细描述该功能项所执行的操作出现的异常响应

删除

若该数据已被引用将不可删除，提示‘请联系管理员’

处理结果　成功填写将该 actor 输入的信息模板数据写入系统；或者填写验证不成功，显示错误信息

特定要求　无

外部接口　无

补充说明　无

案例 4

功能编号	ZF-INFO-104	**功能名称**	信息模板-模板属性
角　　色	管理员	**优 先 级**	高

简要描述　描述管理员对信息模板进行维护

执行条件　拥有相应的操作权限，选择一条信息模板

功能详细描述——详细描述该功能项所执行的操作及其响应

查询

根据属性名称模糊查询

异常响应描述——详细描述该功能项所执行的操作出现的异常响应

无

处理结果　成功展示模板属性；或者展示失败，显示错误信息

特定要求　无

外部接口　无

补充说明　无

案例 5

功能编号	ZF-INFO-105	**功能名称**	信息模板-评价模板
角　　色	管理员	**优 先 级**	高

简要描述　描述管理员对评价模板进行维护

执行条件　拥有相应的操作权限，选择一条信息模板

功能详细描述 ——详细描述该功能项所执行的操作及其响应

(1) 评价模板

① 选择一个模板

② 写入系统

异常响应描述 ——详细描述该功能项所执行的操作出现的异常响应

无

处理结果　成功填写将该 actor 选择的评价模板数据写入系统;或者验证不成功,显示错误信息

特定要求　无

外部接口　无

补充说明　无

案例 6

功能编号	ZF-INFO-106	**功能名称**	信息出售情况查看
角　　色	管理员	**优 先 级**	高

简要描述　描述管理员查看信息出售情况

执行条件　拥有相应的操作权限

功能详细描述 ——详细描述该功能项所执行的操作及其响应

查询

根据信息标题、用户账号模糊查询

异常响应描述 ——详细描述该功能项所执行的操作出现的异常响应

无

处理结果　成功展示信息出售情况;或者展示失败,显示错误信息

特定要求　无

外部接口　无

补充说明　无

5. 商圈系统功能需求描述

案例 1

功能编号 ZF-SQ-101 功能名称 商圈系统

角　　色 管理员 优 先 级 高

简要描述 描述管理员 操作商圈系统

执行条件 拥有相应的操作权限

功能详细描述 ——详细描述该功能项所执行的操作及其响应

(1) 新增

① 填写商圈名字、商圈说明，选择商圈类型、微信群二维码、商圈 logo

② 写入系统

(2) 删除

① 选择一个商圈

② 删除该商圈

(3) 编辑

① 选择一个商圈

② 填写商圈名字、商圈说明，选择商圈类型、微信群二维码、商圈 logo

③ 修改该商圈

(4) 查询

根据商圈名字、创建来源模糊查询，状态精准查询

异常响应描述 ——详细描述该功能项所执行的操作出现的异常响应

无

处理结果 成功操作商圈系统；或者操作失败，显示错误信息

特定要求 无

外部接口 无

补充说明 无

案例 2

功能编号 ZF-SQ-102 功能名称 商圈系统—审核

角　　色　管理员　　**优 先 级**　高

简要描述　描述管理员　审核商圈系统

执行条件　拥有相应的操作权限,选择一个商圈

功能详细描述——详细描述该功能项所执行的操作及其响应

(1) 通过

① 选择微信群二维码、商圈 logo

② 审核通过

(2) 不通过

拒绝商圈申请

异常响应描述——详细描述该功能项所执行的操作出现的异常响应

无

处理结果　成功审核商圈系统;或者审核失败,显示错误信息

特定要求　无

外部接口　无

补充说明　无

案例 3

功能编号　ZF-SQ-103　　**功能名称**　商圈类型管理

角　　色　管理员　　**优 先 级**　高

简要描述　描述管理员对商圈类型进行维护

执行条件　拥有相应的操作权限

功能详细描述——详细描述该功能项所执行的操作及其响应

(1) 新增

① 填写类型名称,选择父级

② 写入系统

(2) 删除

① 选择一个商圈类型

② 删除该商圈类型

(3) 编辑

① 选择一个商圈类型

② 填写类型名称,选择父级

③ 修改该商圈类型

异常响应描述 ——详细描述该功能项所执行的操作出现的异常响应

删除

若该数据已被引用将不可删除,提示'请联系管理员'

处理结果 成功填写将该 actor 输入的商圈类型写入系统;或者填写验证不成功,显示错误信息

特定要求 无

外部接口 无

补充说明 无

案例 4

功能编号	ZF-SQ-105	**功能名称**	商圈系统-查看成员
角　　色	管理员	**优 先 级**	高

简要描述 描述管理员查看商圈成员

执行条件 拥有相应的操作权限,选择一个商圈

功能详细描述 ——详细描述该功能项所执行的操作及其响应

查询

根据用户名称模糊查询

异常响应描述 ——详细描述该功能项所执行的操作出现的异常响应

无

处理结果 成功展示商圈成员;或展示失败,显示错误信息。

特定要求 无

外部接口 无

补充说明 无

6. 评价系统功能需求描述

案例 1

功能编号	ZF-PJ-101	功能名称	评论数据管理
角　　色	管理员	优 先 级	高

简要描述　描述管理员对评论数据进行维护

执行条件　拥有相应的操作权限

功能详细描述 ——详细描述该功能项所执行的操作及其响应

(1) 查看详情

① 选择一条评论

② 查看详情

(2) 正常

① 选择一条评论

② 恢复此评论正常

(3) 屏蔽

① 选择一条评论

② 屏蔽此评论

(4) 查询

根据评价内容模糊查询,评价类型、评价状态精准查询

异常响应描述 ——详细描述该功能项所执行的操作出现的异常响应

无

处理结果　成功将该 actor 的操作数据写入系统;或者写入不成功,显示错误信息

特定要求　无

外部接口　无

补充说明　无

案例 2

功能编号	ZF-PJ-102	功能名称	评价模板数据维护

角　　色　管理员　　　　　　优 先 级　高

简要描述　描述管理员对评价模板进行维护

执行条件　拥有相应的操作权限

功能详细描述：——详细描述该功能项所执行的操作及其响应

(1) 新增

① 填写评价模板名称，选择授权角色、评价模板类型、父 ID

② 写入系统

(2) 删除

① 选择一条评价模板

② 删除该评价模板

(3) 编辑

① 选择一条评价模板

② 填写评价模板名称，选择授权角色、评价模板类型、父 ID

③ 修改该评价模板

(4) 查询

根据模板类型、模板状态精准查询

异常响应描述 ——详细描述该功能项所执行的操作出现的异常响应

删除

若该数据已被引用将不可删除，提示'请联系管理员'

处理结果　成功将该 actor 操作的评价模板数据写入系统；或者写入不成功，显示错误信息

特定要求　无

外部接口　无

补充说明　无

案例 3

功能编号　ZF-PJ-103　　功能名称　评价模板数据维护-评价指标

角　　色　管理员　　　　优 先 级　高

简要描述　　描述管理员对评价指标进行维护

执行条件　　拥有相应的操作权限

功能详细描述——详细描述该功能项所执行的操作及其响应

(1) 新增

① 填写评价指标名称、评价指标类型必填项

② 写入系统

(2) 删除

① 选择一条指标

② 删除该指标

(3) 编辑

① 选择一条指标

② 填写评价指标名称、评价指标类型必填项

③ 修改该指标

(4) 配置选项

① 新增

1.1 填写显示值、真实值

1.2 写入系统

② 删除

2.1 选择一条选项

2.2 删除该选项

③ 编辑

3.1 选择一条选项

3.2 填写显示值、真实值

3.3 修改该选项

异常响应描述——详细描述该功能项所执行的操作出现的异常响应

无

处理结果　　成功将该 actor 操作的评价指标数据写入系统;或者写入不成功,显示错误信息

特定要求　无

外部接口　无

补充说明　无

案例 4

功能编号　ZF-PJ-104　功能名称　评价模板数据维护—评价模板状态

角　色　管理员　优先级　高

简要描述　描述管理员对评价模板状态进行维护

执行条件　拥有相应的操作权限，选择一条评价模板

功能详细描述 ——详细描述该功能项所执行的操作及其响应将该评价模板状态改成完成状态

异常响应描述 ——详细描述该功能项所执行的操作出现的异常响应

无

处理结果　成功将该 actor 选择的评价模板状态改为完成状态写入系统；或者写入不成功，显示错误信息

特定要求　无

外部接口　无

补充说明　完成状态的评价模板将不可编辑，不会再出现新增、编辑、删除按钮

7. 站内信功能需求描述

案例

功能编号　ZF-XX-101　功能名称　站内信管理

角　色　管理员　优先级　高

简要描述　描述管理员对站内信进行维护

执行条件　拥有相应的操作权限

功能详细描述 ——详细描述该功能项所执行的操作及其响应

(1) 新增

① 填写标题、类型、标记等必填项

② 发送站内信

(2) 查询

根据站内信标题模糊查询,根据状态精准查询

异常响应描述 ——详细描述该功能项所执行的操作出现的异常响应

无

处理结果 成功发送站内信;或者发送不成功,显示错误信息

特定要求 无

外部接口 无

补充说明 无

8. 权限管理功能需求描述

案例 1

功能编号	ZF-QX-101	**功能名称**	注册
角　　色	所有用户	**优 先 级**	高

简要描述 描述用户如何成功注册平台系统

执行条件 手机状态保持畅通

功能详细描述 ——详细描述该功能项所执行的操作及其响应

(1) 普通注册

① 输入账号、密码、确认密码、手机号、短信验证码

② 系统比对账号、手机号、短信验证码,并将该 actor 注册信息写入系统

(2) 快速注册

① 输入手机号、短信验证码、密码、确认密码

② 系统比对手机号、短信验证码,并将该 actor 注册信息写入系统

异常响应描述 ——详细描述该功能项所执行的操作出现的异常响应

(1) 普通注册

① 账号、手机号已存在系统中,系统显示错误消息。

② 短信验证码错误,系统显示错误消息。

（2）快速注册

① 手机号已存在系统中，系统显示错误消息。

② 短信验证码错误，系统显示错误消息。

处理结果	成功注册将该 actor 注册信息写入系统；或者注册不成功，显示错误信息
特定要求	密码中必须包含字母、数字、符号，满足 6–20 个字符；账号、手机号系统保持唯一
外部接口	阿里大鱼短信验证接口
补充说明	密码、手机号将加密存入数据库，阿里大鱼账户余额不足无法发送短信

案例 2

功能编号	ZF–QX–102	功能名称	登录
角　　色	所有用户	优 先 级	高
简要描述	描述用户如何成功登录平台系统		
执行条件	无		

功能详细描述 ——详细描述该功能项所执行的操作及其响应

（1）该 actor 输入他或她的用户名和口令；

（2）系统验证该 actor 输入的用户名和口令，并将该 actor 登录信息记入系统日志中。

异常响应描述 ——详细描述该功能项所执行的操作出现的异常响应

无效用户名和或口令

如果该 actor 输入一个无效的用户名和或口令，系统应显示一个错误消息。

处理结果	成功登录进入平台系统；或者登录不成功，显示错误信息
特定要求	密码不能为空，5 次登录不成功锁定该账户
外部接口	无
补充说明	启用自动登录功能，1 周内有效

案例 3

功能编号	ZF-QX-103	**功能名称**	用户管理
角　　色	管理员	**优 先 级**	高
简要描述	描述管理员对用户进行维护		
执行条件	拥有相应的操作权限		

功能详细描述 ——详细描述该功能项所执行的操作及其响应

(1) 编辑

① 选择一名用户

② 该 actor 编辑他或她需编辑的值

③ 修改该 actor 选择的用户

(2) 删除

① 选择一名用户

② 修改该用户为删除状态

(3) 查看详情

① 选择一名用户

② 查看用户详情资料

(4) 查询

根据账号模糊查询,用户状态、用户类型精准查询

异常响应描述 ——详细描述该功能项所执行的操作出现的异常响应

无

处理结果	成功对用户进行维护;或者维护不成功,显示错误信息
特定要求	无
外部接口	无
补充说明	修改信用积分、余额,将该 actor 操作信息记入系统日志中

案例 4

功能编号	ZF-QX-104	**功能名称**	用户收藏
角　　色	管理员	**优 先 级**	高

简要描述　描述管理员查看用户收藏
执行条件　拥有相应的操作权限
功能详细描述 ——详细描述该功能项所执行的操作及其响应
查询
根据用户模糊查询，开始时间、结束时间精准查询
异常响应描述 ——详细描述该功能项所执行的操作出现的异常响应
无
处理结果　成功展示用户收藏数据；或者展示不成功，显示错误信息
特定要求　无
外部接口　无
补充说明　无

案例 5

功能编号	ZF-QX-105	功能名称	浏览记录
角　色	管理员	优先级	高

简要描述　描述管理员查看浏览记录
执行条件　拥有相应的操作权限
功能详细描述 ——详细描述该功能项所执行的操作及其响应
查询
根据用户模糊查询，类型、开始时间、结束时间精准查询
异常响应描述 ——详细描述该功能项所执行的操作出现的异常响应
无
处理结果　成功展示浏览记录数据；或者展示不成功，显示错误信息
特定要求　无
外部接口　无
补充说明　无

案例6

功能编号 ZF-QX-106 **功能名称** 足迹追踪

角　色 管理员 **优先级** 高

简要描述 描述管理员查看足迹追踪

执行条件 拥有相应的操作权限

功能详细描述 ——详细描述该功能项所执行的操作及其响应

查询

根据用户、方法模糊查询,控制器名称精准查询

异常响应描述 ——详细描述该功能项所执行的操作出现的异常响应

无

处理结果 成功展示足迹追踪数据;或者展示不成功,显示错误信息

特定要求 无

外部接口 无

补充说明 无

案例7

功能编号 ZF-QX-107 **功能名称** 信息出售

角　色 管理员 **优先级** 高

简要描述 描述管理员查看信息出售

执行条件 拥有相应的操作权限

功能详细描述 ——详细描述该功能项所执行的操作及其响应

查询

根据信息标题、用户账号模糊查询,支付状态精准查询

异常响应描述 ——详细描述该功能项所执行的操作出现的异常响应

无

处理结果 成功展示信息出售数据;或者展示不成功,显示错误信息

特定要求 无

外部接口 无

补充说明　　无

案例 8

功能编号　　ZF-QX-108　　功能名称　　信息匹配
角　　色　　管理员　　优 先 级　　高
简要描述　　描述管理员查看信息匹配
执行条件　　拥有相应的操作权限
功能详细描述 ——详细描述该功能项所执行的操作及其响应
（1）查询
根据用户账号模糊查询，信息类型精准查询
（2）新增
① 选择标题、推荐用户，填写推荐理由
② 写入系统
异常响应描述 ——详细描述该功能项所执行的操作出现的异常响应
无
处理结果　　成功展示信息匹配数据；或者展示不成功，显示错误信息
特定要求　　无
外部接口　　无
补充说明　　无

9. 用户中心功能需求描述

（1）用户中心—游客功能需求描述

案例

功能编号　　ZF-YK-101　　功能名称　　浏览，搜索各类信息
角　　色　　游客　　优 先 级　　高
简要描述　　描述游客可浏览搜索的数据
执行条件　　无
功能详细描述 ——详细描述该功能项所执行的操作及其响应

(1) 首页

浏览首页数据

(2) 商贸投资服务中心

① 浏览商贸投资服务中心数据

② 浏览服务商详情页

③ 浏览服务详情页

④ 浏览服务商服务详情页

(3) 商品中心

① 浏览商品中心

② 商品详情

③ 浏览求购商品详情

④ 浏览商品企业黄页

⑤ 商品搜索

(4) 项目中心

① 项目搜索

② 浏览项目中心

③ 浏览项目详情

(5) 经济信息

① 信息搜索

② 浏览经济信息

③ 浏览信息详情

异常响应描述 ——详细描述该功能项所执行的操作出现的异常响应

无

处理结果 成功展示该 actor 打开的页面;或者展示不成功,显示错误信息

特定要求 无

外部接口 无

补充说明 无

(2)用户中心—注册用户功能需求描述

案例 1

功能编号	ZF-ZCYH-101	功能名称	修改密码
角　　色	注册用户	优 先 级	高

简要描述　描述注册用户进行修改密码维护

执行条件　手机保持畅通

功能详细描述——详细描述该功能项所执行的操作及其响应

① 注册手机接收短信验证码

② 验证短信验证码

③ 输入新密码

④ 修改用户密码,写入系统

异常响应描述——详细描述该功能项所执行的操作出现的异常响应

无

处理结果　成功修改该 actor 的密码;或者修改不成功,显示错误信息

特定要求　无

外部接口　阿里大鱼短信验证码接口

补充说明　阿里大鱼账户余额不足无法发送短信

案例 2

功能编号	ZF-ZCYH-102	功能名称	完善资料
角　　色	注册用户	优 先 级	高

简要描述　描述注册用户进行完善资料,账号升级

执行条件　无

功能详细描述——详细描述该功能项所执行的操作及其响应

(1) 完善资料

① 填写资料

② 完善资料,写入系统

(2) 实名认证

① 填写资料

② 实名认证,写入系统

(3) 成为企业用户

① 填写必填资料

② 填写选填资料

③ 提交审核

④ 成为企业用户,写入系统

(4) 成为服务机构

① 填写资料

② 成为服务机构,写入系统

异常响应描述 ——详细描述该功能项所执行的操作出现的异常响应

无

处理结果 成功升级该 actor 的账户等级;或者升级不成功,显示错误信息

特定要求 无

外部接口 无

补充说明 实名认证、成为企业用户、成为服务机构审核通过后均不可编辑,只有成了企业用户才会显示

案例3

功能编号	ZF-ZCYH-103	**功能名称**	站内信
角　　色	注册用户	**优 先 级**	高

简要描述 描述注册用户查看站内信

执行条件 无

功能详细描述 ——详细描述该功能项所执行的操作及其响应

(1) 过滤

可通过已读、未读、发件箱、收件箱、站内信类型筛选

(2) 删除

选择站内信,进行删除

异常响应描述——详细描述该功能项所执行的操作出现的异常响应

无

处理结果　成功将该 actor 的操作读取、写入系统；或者读取、写入不成功，显示错误信息

特定要求　无

外部接口　无

补充说明　发件箱不可删除

案例 4

功能编号　ZF-ZCYH-104　　功能名称　找回密码

角　　色　注册用户　　优 先 级　高

简要描述　描述注册用户找回密码

执行条件　手机保持畅通

功能详细描述——详细描述该功能项所执行的操作及其响应

① 输入注册手机号接收短信验证码

② 输入短信验证码

③ 输入新密码

④ 修改密码，写入系统

异常响应描述——详细描述该功能项所执行的操作出现的异常响应

无

处理结果　成功修改该 actor 的密码，写入系统；或者写入不成功，显示错误信息

特定要求　无

外部接口　阿里大鱼短信验证码接口

补充说明　阿里大鱼账户余额不足无法发送短信

案例 5

功能编号　ZF-ZCYH-105　　功能名称　申请商脉圈

角　　色	注册用户	优 先 级	高

简要描述　描述注册用户申请创建商脉圈

执行条件　无

功能详细描述 ——详细描述该功能项所执行的操作及其响应

① 该 actor 在感兴趣的项目、商品、服务、信息下提交创建商脉圈申请

② 填写申请商圈名字、商圈类型、商圈说明和商圈头像

③ 等待管理员审核

④ 结果发送站内信通知

异常响应描述 ——详细描述该功能项所执行的操作出现的异常响应

无

处理结果　成功提交该 actor 的创建商脉圈申请；或者提交不成功，显示错误信息

特定要求　无

外部接口　无

补充说明　无

案例6

功能编号	ZF-ZCYH-106	功能名称	查看人脉网络
角　　色	注册用户	优 先 级	高

简要描述　描述注册用户查看人脉网络

执行条件　无

功能详细描述 ——详细描述该功能项所执行的操作及其响应

查看该 actor 的人脉关系图

异常响应描述：——详细描述该功能项所执行的操作出现的异常响应

无

处理结果　成功展示该 actor 的人脉关系图；或者展示不成功，显示错误信息

特定要求　无

外部接口　无

补充说明　初步搭建运算模型

案例 7

功能编号　ZF-ZCYH-107　功能名称　加入商脉圈

角　　色　注册用户　优 先 级　高

简要描述　描述注册用户加入商脉圈

执行条件　无

功能详细描述——详细描述该功能项所执行的操作及其响应

(1) 加入商脉圈

① 可直接加入商脉圈

② 扫描二维码加入微信群

(2) 申请加入商脉圈

① 申请加入商脉圈

② 审核通过站内信提醒

③ 扫描二维码加入群

异常响应描述——详细描述该功能项所执行的操作出现的异常响应

无

处理结果　成功将该 actor 加入商脉圈;或者加入不成功,显示错误信息

特定要求　无

外部接口　无

补充说明　目前的微信商圈群二维码 1 周内有效。可以使用 QQ 群

案例 8

功能编号　ZF-ZCYH-108　功能名称　发布评论

角　　色　注册用户　优 先 级　高

简要描述　描述注册用户发布评论

执行条件　无

功能详细描述 ——详细描述该功能项所执行的操作及其响应

① 该 actor 可在项目、商品、服务、信息下进行评论

② 填写内容、图片、星级

③ 写入系统

异常响应描述 ——详细描述该功能项所执行的操作出现的异常响应

图片最多只可上传三张，星级不可为空

处理结果	成功发布该 actor 的评论；或者发布不成功，显示错误信息
特定要求	无
外部接口	无
补充说明	只可评论一次，信息主体用户每条评论可回复一次

案例 9

功能编号	ZF-ZCYH-109	**功能名称**	产品、项目、信息收藏
角　　色	注册用户	**优 先 级**	高
简要描述	描述注册用户收藏数据		
执行条件	无		

功能详细描述 ——详细描述该功能项所执行的操作及其响应

该 actor 可在感兴趣的项目、商品、信息下进行收藏

异常响应描述 ——详细描述该功能项所执行的操作出现的异常响应

无

处理结果	成功收藏该 actor 感兴趣的信息；或者收藏不成功，显示错误信息
特定要求	无
外部接口	无
补充说明	用户收藏作为用户偏好的一个考察维度

案例 10

功能编号	ZF-ZCYH-110	**功能名称**	购买有偿信息

角　　色　注册用户　　优先级　高

简要描述　描述注册用户购买有偿信息

执行条件　无

功能详细描述 ——详细描述该功能项所执行的操作及其响应

① 选择一条有偿信息

② 支付费用

③ 信息授权，查看

异常响应描述：——详细描述该功能项所执行的操作出现的异常响应

账户余额不足提示‘余额不足！！！’

处理结果　成功购买该 actor 感兴趣的信息；或者购买不成功，显示错误信息

特定要求　无

外部接口　无

补充说明　目前的操作方式是线下充值的方式。管理角色不需要授权

案例 11

功能编号　ZF-ZCYH-111　　功能名称　提交项目意向

角　　色　注册用户　　优先级　高

简要描述　描述注册用户购买有偿信息

执行条件　选择一条未完成的项目

功能详细描述 ——详细描述该功能项所执行的操作及其响应

① 填写必填项

② 写入系统

异常响应描述 ——详细描述该功能项所执行的操作出现的异常响应

无

处理结果　成功提交该 actor 的意向说明；或者提交不成功，显示错误信息

特定要求　无

外部接口　无

补充说明 无

(3) 用户中心—个人用户功能需求描述

案例 1

功能编号 ZF-GRYH-101 **功能名称** 我的经济情报管理

角　　色 个人用户 **优 先 级** 高

简要描述 描述个人用户对经济情报进行维护

执行条件 拥有相应的操作权限

功能详细描述 ——详细描述该功能项所执行的操作及其响应

(1) 新增

① 填写信息标题、作者、基本内容、情报属性……必填项

② 写入系统

(2) 删除

选择一个经济情报进行删除

(3) 编辑

① 选择一个经济情报进行编辑

② 填写信息标题、作者、基本内容、情报属性……必填项

③ 修改该经济情报

(4) 查询

根据模板名称、用户账号、日期模糊查询,状态进行精准查询

(5) 提交审核

① 选择一个'待发布'状态的情报

② 提交审核

异常响应描述 ——详细描述该功能项所执行的操作出现的异常响应

无

处理结果 成功填写将该 actor 操作的经济情报数据写入系统;或者填写验证不成功,显示错误信息

特定要求 无

外部接口　无

补充说明　只能编辑'待发布'和'审核不通过'的数据,只能提交'待发布'的数据,新增时,填写情报属性需先选择情报模板

案例 2

功能编号　ZF-GRYH-102　功能名称　我的圈子管理

角　　色　个人用户　优 先 级　高

简要描述　描述个人用户对自己的商圈进行维护

执行条件　拥有相应的操作权限

功能详细描述 ——详细描述该功能项所执行的操作及其响应

(1) 退出商圈

① 选择一个商圈

② 退出商圈

(2) 查询

根据商圈名字进行模糊查询

异常响应描述 ——详细描述该功能项所执行的操作出现的异常响应

无

处理结果　成功将该 actor 退出的商圈数据写入系统；或者退出不成功,显示错误信息

特定要求　无

外部接口　无

补充说明　无

案例 3

功能编号　ZF-GRYH-103　功能名称　我的评价

角　　色　个人用户　优 先 级　高

简要描述　描述个人用户查看自己的评价

执行条件　拥有相应的操作权限

功能详细描述 ——详细描述该功能项所执行的操作及其响应

（1）查看详情

① 选择一个评价

② 查看详情

（2）查询

根据内容进行模糊查询，评价类型、评价状态进行精准查询

异常响应描述 ——详细描述该功能项所执行的操作出现的异常响应

无

处理结果 成功向该 actor 展示自己的评价；或者展示不成功，显示错误信息

特定要求 无

外部接口 无

补充说明 无

案例 4

功能编号	ZF-GRYH-104	**功能名称**	我的收藏
角　　色	个人用户	**优 先 级**	高

简要描述 描述个人用户查看自己的收藏

执行条件 拥有相应的操作权限

功能详细描述 ——详细描述该功能项所执行的操作及其响应

（1）删除

① 选择一个收藏

② 删除该收藏

（2）查询

根据添加时间进行精准查询

异常响应描述 ——详细描述该功能项所执行的操作出现的异常响应

无

处理结果 成功向该 actor 展示、删除自己的收藏；或者展示、删除不成

功,显示错误信息

特定要求　无

外部接口　无

补充说明　无

案例 5

功能编号	ZF-GRYH-105	功能名称	接受系统推荐信息
角　色	个人用户	优先级	高

简要描述　描述个人用户查看系统推荐信息

执行条件　拥有相应的操作权限

功能详细描述 ——详细描述该功能项所执行的操作及其响应

(1) 删除

① 选择一个系统推荐信息

② 删除该系统推荐信息

(2) 查询

根据推荐类型进行精准查询

异常响应描述 ——详细描述该功能项所执行的操作出现的异常响应

无

处理结果　成功向该 actor 展示、删除系统推荐信息;或者展示、删除不成功,显示错误信息

特定要求　无

外部接口　无

补充说明　实现智能推荐雏形,具体算法由研究院后续二次开发中补充

(4) 用户中心—企业用户功能需求描述

案例 1

功能编号	ZF-QYYH-101	功能名称	我的商品管理
角　色	企业用户	优先级	高

简要描述　描述企业用户对自己的商品进行维护

执行条件　拥有相应的操作权限

功能详细描述——详细描述该功能项所执行的操作及其响应

(1) 新增

① 选择基本商品、品牌、国家、情报属性等必填项

② 写入系统

(2) 删除

选择一件商品进行删除

(3) 编辑

① 选择一件商品进行编辑

② 选择基本商品、品牌、国家、情报属性……等必填项

③ 修改该商品

(4) 查询

根据商品标题进行、发布开始时间、发布结束时间模糊查询

(5) 新增图片

① 选择一件商品

② 上传图片

异常响应描述——详细描述该功能项所执行的操作出现的异常响应

无

处理结果　成功填写将该 actor 操作的商品数据写入系统;或者填写验证不成功,显示错误信息

特定要求　无

外部接口　无

补充说明　只能编辑和新增图片'待发布'和'审核不通过'状态的商品数据

案例 2

功能编号　ZF-QYYH-102　**功能名称**　我的商品管理—添加关键词

角　　色　企业用户　　　　优先级　高

简要描述　描述企业用户对自己的商品关键词进行维护

执行条件　选择一件商品，拥有相应的操作权限

功能详细描述——详细描述该功能项所执行的操作及其响应

(1) 新增

① 选择关键字

② 写入系统

(2) 删除

选择一个关键字进行删除

异常响应描述——详细描述该功能项所执行的操作出现的异常响应

无

处理结果　成功填写将该actor操作的商品关键词数据写入系统；或者填写验证不成功，显示错误信息

特定要求　无

外部接口　无

补充说明　只能操作'待发布'和'审核不通过'的数据

案例3

功能编号　ZF-QYYH-103　功能名称　我的商品管理—添加商品属性值

角　　色　企业用户　　　　优先级　高

简要描述　描述企业用户对自己的商品关键词进行维护

执行条件　选择一件商品，拥有相应的操作权限

功能详细描述——详细描述该功能项所执行的操作及其响应

填写、选择必填信息

异常响应描述——详细描述该功能项所执行的操作出现的异常响应

无

处理结果　成功填写将该actor输入的商品属性值数据写入系统；或者填写验证不成功，显示错误信息

特定要求　无

外部接口　无

补充说明　只能操作‘待发布’和‘审核不通过’的数据

案例 4

功能编号	ZF-QYYH-104	功能名称	我的商品管理—克隆商品
角　　色	企业用户	优 先 级	高

简要描述　描述企业用户进行克隆商品

执行条件　拥有相应的操作权限

功能详细描述 ——详细描述该功能项所执行的操作及其响应

① 依次选择分类、基本商品、克隆商品

② 克隆商品,编辑商品

③ 写入系统

异常响应描述 ——详细描述该功能项所执行的操作出现的异常响应

无

处理结果　成功填写将该 actor 克隆编辑后的商品数据写入系统;或者克隆不成功,显示错误信息

特定要求　无

外部接口　无

补充说明　只克隆商品基础数据,图片、关键词、商品属性需手动添加

案例 5

功能编号	ZF-QYYH-105	功能名称	我的商品管理—提交审核
角　　色	企业用户	优 先 级	高

简要描述　描述企业用户提交商品审核

执行条件　选择一件‘待发布’或‘审核不通过’状态的商品

功能详细描述 ——详细描述该功能项所执行的操作及其响应

提交商品审核

异常响应描述 ——详细描述该功能项所执行的操作出现的异常响应

商品未填写必填商品属性值，提示'请配置商品属性'

处理结果 提交该 actor 选择的商品数据写入系统；或者提交不成功，显示错误信息

特定要求 无

外部接口 无

补充说明 无

案例 6

功能编号 ZF-QYYH-106 **功能名称** 我的项目管理

角　　色 企业用户 **优 先 级** 高

简要描述 描述企业用户进行自己的项目维护

执行条件 拥有相应的操作权限

功能详细描述 ——详细描述该功能项所执行的操作及其响应

(1) 新增

① 填写项目名称、市场需求描述、项目类型……等必填项

② 写入系统

(2) 删除

① 选择一条项目数据

② 删除该项目数据

(3) 编辑

① 选择一条项目数据说

② 编辑项目名称、市场需求描述、项目类型...等必填项

③ 修改该醒目数据

(4) 查询

根据项目名称进行模糊查询，状态、所属国家、所属区域进行精准查询

异常响应描述 ——详细描述该功能项所执行的操作出现的异常响应

编辑

只能编辑‘待发布’和‘审核不通过’状态的项目

处理结果 提交该 actor 选择的商品数据写入系统；或者提交不成功，显示错误信息

特定要求 无

外部接口 无

补充说明 无

案例 7

功能编号 ZF-QYYH-107 **功能名称** 我的项目管理—查看意向数据

角　　色 企业用户 **优 先 级** 高

简要描述 描述企业用户查看项目意向数据

执行条件 选择一个项目，拥有相应的操作权限

功能详细描述 ——详细描述该功能项所执行的操作及其响应

查看项目意向数据

异常响应描述 ——详细描述该功能项所执行的操作出现的异常响应

无

处理结果 成功展示该 actor 选择项目的意向数据；或者展示不成功，显示错误信息

特定要求 无

外部接口 无

补充说明 无

案例 8

功能编号 ZF-QYYH-108 **功能名称** 我的项目管理—发布项目意向模板

角　　色 企业用户 **优 先 级** 高

简要描述 描述企业用户对项目意向模板数据进行维护

执行条件 选择一个项目，拥有相应的操作权限

功能详细描述 ——详细描述该功能项所执行的操作及其响应

(1) 新增

① 填写显示名称,选择显示类型、是否必填

② 写入系统

(2) 编辑

① 选择一条意向数据

② 编辑显示名称,选择显示类型、是否必填

③ 修改此意向数据

(3) 查询

根据显示名称进行模糊查询,显示类型进行精准查询

异常响应描述 ——详细描述该功能项所执行的操作出现的异常响应

无

处理结果　成功将该 actor 输入的意向数据写入系统；或者写入不成功，显示错误信息

特定要求　无

外部接口　无

补充说明　选择的项目只能是'待发布'或'审核不通过'状态的项目

案例 9

功能编号　ZF-QYYH-109　**功能名称**　我的项目管理—项目自定义属性

角　色　企业用户　**优 先 级**　高

简要描述　描述企业用户对自定义属性数据进行维护

执行条件　选择一个项目，拥有相应的操作权限

功能详细描述 ——详细描述该功能项所执行的操作及其响应

(1) 新增

① 填写属性名、属性值

② 写入系统

(2) 编辑

① 选择一条自定义属性

② 编辑属性名、属性值

③ 修改此自定义属性

异常响应描述 ——详细描述该功能项所执行的操作出现的异常响应

无

处理结果 成功将该 actor 输入的项目自定义属性数据写入系统;或者写入不成功,显示错误信息

特定要求 无

外部接口 无

补充说明 选择的项目只能是'待发布'或'审核不通过'状态的项目

案例 10

功能编号 ZF-QYYH-110 **功能名称** 我的项目管理—配置模板属性

角　　色 企业用户 **优 先 级** 高

简要描述 描述企业用户对项目进行模板属性维护

执行条件 选择一个项目,拥有相应的操作权限

功能详细描述 ——详细描述该功能项所执行的操作及其响应

① 填写必填属性

② 写入系统

异常响应描述 ——详细描述该功能项所执行的操作出现的异常响应

此项目的项目类型及其父级类型都没有配置属性模板时,提示'该项目没有需要配置的模板属性哦! '

处理结果 成功将该 actor 输入的项目模板属性数据写入系统;或者写入不成功,显示错误信息

特定要求 无

外部接口 无

补充说明 无

案例 11

功能编号　ZF-QYYH-111　功能名称　我的项目管理—项目完成

角　　色　企业用户　优 先 级　高

简要描述　描述企业用户对项目进行完成状态修改

执行条件　选择一个项目，拥有相应的操作权限

功能详细描述 ——详细描述该功能项所执行的操作及其响应

将项目状态更改为完成状态,此项目将不可操作(删除除外)

异常响应描述 ——详细描述该功能项所执行的操作出现的异常响应

提示'该项目不可改变状态'

处理结果　成功将该 actor 选择的项目状态修改为完成状态写入系统;或者写入不成功,显示错误信息

特定要求　无

外部接口　无

补充说明　操作项目的状态只能是'审核通过'

案例 12

功能编号　ZF-QYYH-112　功能名称　我的项目管理—提交审核

角　　色　企业用户　优 先 级　高

简要描述　描述企业用户对项目提交审核

执行条件　拥有相应的操作权限,选择一个项目

功能详细描述 ——详细描述该功能项所执行的操作及其响应

项目提交审核

异常响应描述 ——详细描述该功能项所执行的操作出现的异常响应

此项目的项目类型及其父级类型的必填模板属性未填写,将不可提交审核,提示'请配置模板属性'

处理结果　成功将该 actor 选择的项目提交审核;或者提交不成功,显示错误信息

特定要求　无

外部接口 无

补充说明 操作项目的状态只能是‘待发布’或‘审核未通过’，其他情况提示‘该数据无须提交审核’

案例 13

功能编号 ZF-QYYH-113 **功能名称** 我的合作伙伴

角　色 企业用户 **优先级** 高

简要描述 描述企业用户的合作伙伴信息

执行条件 拥有相应的操作权限

功能详细描述 ——详细描述该功能项所执行的操作及其响应

（1）邀请伙伴

① 将邀请伙伴链接地址复制到剪切板中

② 通过私人、第三方通讯软件粘贴发送想邀请的人，邀请注册成为合作伙伴

（2）查询

根据账号进行模糊查询，添加方式进行精准查询

异常响应描述 ——详细描述该功能项所执行的操作出现的异常响应

邀请伙伴

邀请伙伴无效，需安装 flash

处理结果 成功将该 actor 的邀请链接复制到剪切板；或者复制不成功，显示错误信息

特定要求 无

外部接口 无

补充说明 客户端需 flash 插件支持

（5）用户中心—服务机构用户功能需求描述

案例

功能编号 ZF-FWJG-101 **功能名称** 服务详情管理

角　　色　服务机构　优先级　高

简要描述　描述服务机构对服务详情进行维护

执行条件　拥有相应的操作权限

功能详细描述——详细描述该功能项所执行的操作及其响应

（1）新增

① 选择所有服务，填写服务内容、服务流程、预期效果

② 写入系统

（2）删除

选择一个服务详情进行删除

（3）编辑

① 选择一个服务详情进行编辑

② 编辑所有服务、服务内容、服务流程、预期效果

③ 修改该服务详情

异常响应描述——详细描述该功能项所执行的操作出现的异常响应

无

处理结果　成功填写将该 actor 操作的服务详情数据写入系统；或者填写验证不成功，显示错误信息

特定要求　无

外部接口　无

补充说明　无

（6）用户中心—专家学者用户功能需求描述

案例 1

功能编号　ZF-ZJXZ-101　功能名称　项目评价

角　　色　专家学者　优先级　高

简要描述　描述专家学者对项目进行评价

执行条件　无

功能详细描述——详细描述该功能项所执行的操作及其响应

① 选择一条项目

② 填写其项目类型及其父级的评价模板属性及评价模板父级的属性

③ 写入系统

异常响应描述 ——详细描述该功能项所执行的操作出现的异常响应

若其项目类型及其父级都未配置评价模板,提示'未配置评价模板'

处理结果

成功填写将该 actor 输入的评价模板属性数据写入系统;或者填写验证不成功,显示错误信息

特定要求 无

外部接口 无

补充说明 无

案例 2

功能编号	ZF-ZJXZ-102	**功能名称**	商品评价
角　　色	专家学者	**优 先 级**	高

简要描述 描述专家学者对商品进行评价

执行条件 无

功能详细描述 ——详细描述该功能项所执行的操作及其响应

① 选择一件商品

② 填写其商品分类及其父级的评价模板属性及评价模板父级的属性

③ 写入系统

异常响应描述 ——详细描述该功能项所执行的操作出现的异常响应

若其商品分类及其父级都未配置评价模板,提示'未配置评价模板'

处理结果 成功填写将该 actor 输入的评价模板属性数据写入系统;或者填写验证不成功,显示错误信息

特定要求 无

外部接口 无

补充说明 无

案例 3

功能编号　ZF-ZJXZ-103　功能名称　信息评价

角　　色　专家学者　优 先 级　高

简要描述　描述专家学者对信息进行评价

执行条件　无

功能详细描述——详细描述该功能项所执行的操作及其响应

① 选择一条信息

② 填写其信息模板及其父级的评价模板属性及评价模板父级的属性

③ 写入系统

异常响应描述——详细描述该功能项所执行的操作出现的异常响应

若其信息模板及其父级都未配置评价模板,提示'未配置评价模板'

处理结果　成功填写将该 actor 输入的评价模板属性数据写入系统;或者填写验证不成功,显示错误信息

特定要求　无

外部接口　无

补充说明　无

案例 4

功能编号　ZF-ZJXZ-104　功能名称　服务评价

角　　色　专家学者　优 先 级　高

简要描述　描述专家学者对服务进行评价

执行条件　无

功能详细描述——详细描述该功能项所执行的操作及其响应

① 选择一条信息

② 填写其服务及其父级的评价模板属性及评价模板父级的属性

③ 写入系统

异常响应描述——详细描述该功能项所执行的操作出现的异常响应

若其服务及其父级都未配置评价模板,提示'未配置评价模板'

处理结果 成功填写将该 actor 输入的评价模板属性数据写入系统;或者填写验证不成功,显示错误信息

特定要求 无

外部接口 无

补充说明 无

(7)用户中心—超级管理员功能需求描述

案例 1

功能编号 ZF-SupAdmin-101 **功能名称** 管理用户

角　　色 超级管理员 **优 先 级** 高

简要描述 描述管理员对用户进行维护

执行条件 拥有相应的操作权限

功能详细描述 ——详细描述该功能项所执行的操作及其响应

(1) 新增管理员

① 填写账户、密码、手机

② 写入系统

(2) 新增专家

① 填写账户、密码、手机

② 写入系统

异常响应描述 ——详细描述该功能项所执行的操作出现的异常响应

无

处理结果 成功填写将该 actor 输入的用户信息数据写入系统;或者填写验证不成功,显示错误信息

特定要求 无

外部接口 无

补充说明 无

案例 2

功能编号　ZF-SupAdmin-103　功能名称　管理用户—账号状态

角　　色　超级管理员　优 先 级　高

简要描述　描述管理员对用户状态进行维护

执行条件　选择一个用户，拥有相应的操作权限

功能详细描述——详细描述该功能项所执行的操作及其响应

(1) 锁定

将该用户锁定,阻止登录

(2) 解锁

解除对用户的锁定

(3) 删除

将该用户删除

异常响应描述——详细描述该功能项所执行的操作出现的异常响应

无

处理结果　成功填写将该 actor 配置的用户状态信息数据写入系统;或者填写验证不成功,显示错误信息

特定要求　无

外部接口　无

补充说明　无

案例 3

功能编号　ZF-SupAdmin-104　功能名称　审批管理—个人审批

角　　色　超级管理员　优 先 级　高

简要描述　描述管理员对个人用户的审批功能

执行条件　拥有相应的操作权限

功能详细描述——详细描述该功能项所执行的操作及其响应

(1) 审批通过

填写通过原因

(2) 审批不通过

填写不通过原因

异常响应描述 ——详细描述该功能项所执行的操作出现的异常响应

无

处理结果　成功填写将该 actor 审核的内容信息数据写入系统;或者填写验证不成功,显示错误信息

特定要求　无

外部接口　无

补充说明　发送站内信提示

案例 4

功能编号	ZF-SupAdmin-105	功能名称	审批管理—企业审批
角　　色	超级管理员	优 先 级	高

简要描述　描述管理员对企业用户的审批功能

执行条件　拥有相应的操作权限

功能详细描述 ——详细描述该功能项所执行的操作及其响应

(1) 审批通过

填写通过原因

(2) 审批不通过

填写不通过原因

异常响应描述 ——详细描述该功能项所执行的操作出现的异常响应

无

处理结果　成功填写将该 actor 审核的内容信息数据写入系统;或者填写验证不成功,显示错误信息

特定要求　无

外部接口　无

补充说明　发送站内信提示

案例 5

功能编号 ZF-SupAdmin-106 **功能名称** 审批管理—服务机构审批

角　　色 超级管理员 **优 先 级** 高

简要描述 描述管理员对服务机构的审批功能

执行条件 拥有相应的操作权限

功能详细描述 ——详细描述该功能项所执行的操作及其响应

(1) 审批通过

填写通过原因

(2) 审批不通过

填写不通过原因

异常响应描述 ——详细描述该功能项所执行的操作出现的异常响应

无

处理结果 成功填写将该 actor 审核的内容信息数据写入系统;或者填写验证不成功,显示错误信息

特定要求 无

外部接口 无

补充说明 发送站内信提示

案例 6

功能编号 ZF-SupAdmin-107 **功能名称** 审批管理—发布商品审批

角　　色 超级管理员 **优 先 级** 高

简要描述 描述管理员对商品的审批功能

执行条件 拥有相应的操作权限

功能详细描述 ——详细描述该功能项所执行的操作及其响应

(1) 审批通过

填写通过原因

(2) 审批不通过

填写不通过原因

异常响应描述 ——详细描述该功能项所执行的操作出现的异常响应

无

处理结果 成功填写将该 actor 审核的内容信息数据写入系统;或者填写验证不成功,显示错误信息

特定要求 无

外部接口 无

补充说明 发送站内信提示

案例 7

功能编号 ZF-SupAdmin-108 **功能名称** 审批管理—发布项目审批

角　　色 超级管理员 **优 先 级** 高

简要描述 描述管理员对项目的审批功能

执行条件 拥有相应的操作权限

功能详细描述 ——详细描述该功能项所执行的操作及其响应

(1) 审批通过

填写通过原因

(2) 审批不通过

填写不通过原因

异常响应描述 ——详细描述该功能项所执行的操作出现的异常响应

无

处理结果 成功填写将该 actor 审核的内容信息数据写入系统;或者填写验证不成功,显示错误信息

特定要求 无

外部接口 无

补充说明 发送站内信提示

案例 8

功能编号 ZF-SupAdmin-109 **功能名称** 审批管理—发布信息审批

角　　色　超级管理员　　　　　　　优 先 级　高

简要描述　描述管理员对信息的审批功能

执行条件　拥有相应的操作权限

功能详细描述 ——详细描述该功能项所执行的操作及其响应

(1) 审批通过

填写通过原因

(2) 审批不通过

填写不通过原因

异常响应描述 ——详细描述该功能项所执行的操作出现的异常响应

无

处理结果　成功填写将该 actor 审核的内容信息数据写入系统;或者填写验证不成功,显示错误信息

特定要求　无

外部接口　无

补充说明　发送站内信提示

(8) 用户中心—系统管理员功能需求描述

案例 1

功能编号　ZF-SysAdmin-101　　　　功能名称　功能模块维护

角　　色　系统管理员　　　　　　　优 先 级　高

简要描述　描述管理员对功能模块数据进行维护

执行条件　拥有相应的操作权限

功能详细描述 ——详细描述该功能项所执行的操作及其响应

(1) 新增

① 填写模块名称,选择父级两个必填项

② 写入系统

(2) 删除

选择一个功能模块进行删除

(3) 编辑

① 选择一个功能模块进行编辑

② 填写模块名称,选择父级两个必填项

③ 修改该功能模块

(4) 查询

根据类型进行精准查询

异常响应描述 ——详细描述该功能项所执行的操作出现的异常响应

无

处理结果 成功填写将该 actor 输入的功能模块数据写入系统;或者填写验证不成功,显示错误信息

特定要求 无

外部接口 无

补充说明 无

案例2

功能编号	ZF-SysAdmin-102	**功能名称**	功能模块维护—页面元素
角　　色	系统管理员	**优 先 级**	高

简要描述 描述管理员配置功能模块对应页面元素

执行条件 需在页面元素中配置该模块所属页面的对应基本元素，选择一条功能模块(功能)

功能详细描述 ——详细描述该功能项所执行的操作及其响应

页面元素

① 选择该功能模块对应页面元素

② 写入系统

异常响应描述 ——详细描述该功能项所执行的操作出现的异常响应

‘菜单’功能模块下无法配置页面元素，提示‘该功能模块下没有页面元素’,请选择‘功能’类型的功能模块

处理结果 成功填写将该 actor 配置的功能模块页面元素写入系统;或者

验证不成功，显示错误信息

特定要求　无

外部接口　无

补充说明　无

案例3

功能编号　ZF-SysAdmin-103　功能名称　功能模块维护—权限

角　色　系统管理员　优 先 级　高

简要描述　描述管理员配置功能模块对应权限

执行条件　需在权限管理中配置系统的/controller/action，选择一条功能模块

功能详细描述——详细描述该功能项所执行的操作及其响应

(1) 权限

① 选择该功能模块对应权限

② 写入系统

(2) 查询

根据方法名称(action)模糊查询

(3) 追加

① 选择对应权限

② 写入系统

异常响应描述——详细描述该功能项所执行的操作出现的异常响应

无

处理结果　成功填写将该actor配置的功能模块权限写入系统；或者验证不成功，显示错误信息

特定要求　无

外部接口　无

补充说明　保存按钮将该功能模块权限替换成所展示的勾选权限，追加按钮将勾选权限追加到功能模块权限中

案例 4

功能编号 ZF-SysAdmin-104 **功能名称** 功能模块维护—查看对应角色

角　　色 系统管理员 **优 先 级** 高

简要描述 描述管理员查看应用功能模块的角色

执行条件 拥有相应的操作权限

功能详细描述 ——详细描述该功能项所执行的操作及其响应

查看了解功能模块被那些角色应用

异常响应描述 ——详细描述该功能项所执行的操作出现的异常响应

无

处理结果 成功向 actor 展示应用功能模块的角色；或者展示不成功，显示错误信息

特定要求 无

外部接口 无

补充说明 无

案例 5

功能编号 ZF-SysAdmin-105 **功能名称** 系统设置维护

角　　色 系统管理员 **优 先 级** 高

简要描述 描述管理员对系统设置进行维护

执行条件 需要掌握些专业知识

功能详细描述 ——详细描述该功能项所执行的操作及其响应

（1）编辑

① 选择一条数据

② 填写值

③ 修改该数据

（2）查询

根据全局键模糊查询

异常响应描述 ——详细描述该功能项所执行的操作出现的异常响应

无

处理结果　成功将 actor 编辑的系统设置更新到系统；或者更新不成功，显示错误信息

特定要求　无

外部接口　无

补充说明　全局配置会影响整个系统的运行，谨慎操作！

案例 6

功能编号　ZF-SysAdmin-106　功能名称　系统设置维护—数据库备份

角　色　系统管理员　优先级　高

简要描述　描述管理员对数据库进行备份

执行条件　拥有相应的操作权限

功能详细描述 ——详细描述该功能项所执行的操作及其响应

① 确认是否备份数据库

② 备份数据库，文件在/upload/DatabaseBackups 下，文件命名 CABISP-年-月-日-随机数.bak

异常响应描述 ——详细描述该功能项所执行的操作出现的异常响应

无

处理结果　成功数据库数据备份；或者备份不成功，显示错误信息

特定要求　无

外部接口　无

补充说明　无

案例 7

功能编号　ZF-SysAdmin-106　功能名称　查看日志

角　色　系统管理员　优先级　高

简要描述　描述管理员查看日志

执行条件　拥有相应的操作权限

功能详细描述 ——详细描述该功能项所执行的操作及其响应

（1）查询

根据用户（昵称、账户）、方法进行模糊查询，控制器名称、日志类型、开始时间、结束时间精准查询

（2）清理

① 根据查询条件清理，将会提醒三次防止误操作

② 清理日志数据

异常响应描述 ——详细描述该功能项所执行的操作出现的异常响应

无

处理结果　成功向 actor 展示、清理数据；或者操作不成功，显示错误信息

特定要求　无

外部接口　无

补充说明　建议半年清理一次非重要数据

案例 8

功能编号　ZF-SysAdmin-107　**功能名称**　查看修改记录

角　　色　系统管理员　**优 先 级**　高

简要描述　描述管理员查看修改记录

执行条件　拥有相应的操作权限

功能详细描述 ——详细描述该功能项所执行的操作及其响应

查询

根据用户账户进行模糊查询，开始时间、结束时间精准查询

异常响应描述 ——详细描述该功能项所执行的操作出现的异常响应

无

处理结果　成功向 actor 展示数据；或者展示不成功，显示错误信息

特定要求　无

外部接口　无

补充说明　二次开发过程中，根据实际业务的变动，可以将所有敏感数据

的修改集中到此处

案例 9

功能编号	ZF-SysAdmin-108	功能名称	帮助中心维护
角　　色	系统管理员	优 先 级	高

简要描述　描述管理员对帮助中心进行维护

执行条件　拥有相应的操作权限

功能详细描述 ——详细描述该功能项所执行的操作及其响应

(1) 新增

① 选择类型,填写标题、内容

② 写入系统

(2) 删除

① 选择一条数据

② 删除该数据

(3) 编辑

① 选择一条数据

② 选择类型,填写标题、内容

③ 修改该数据

(4) 查询

根据用户账户进行模糊查询,开始时间、结束时间精准查询

异常响应描述 ——详细描述该功能项所执行的操作出现的异常响应

无

处理结果　成功将 actor 输入的帮助数据写入系统;或者写入不成功,显示错误信息

特定要求　无

外部接口　无

补充说明　无

案例 10

功能编号	ZF-SysAdmin-109	功能名称	帮助中心维护—帮助类型
角　　色	系统管理员	优 先 级	高

简要描述　描述管理员对帮助类型进行维护

执行条件　拥有相应的操作权限

功能详细描述 ——详细描述该功能项所执行的操作及其响应

（1）新增

① 填写帮助中心类型、优先级

② 写入系统

（2）删除

① 选择一个帮助类型

② 删除该帮助类型

（3）编辑

① 选择一个帮助类型

② 填写帮助中心类型、优先级

③ 修改该帮助类型

异常响应描述 ——详细描述该功能项所执行的操作出现的异常响应

无

处理结果　成功将 actor 操作的帮助类型数据写入系统；或者写入不成功，显示错误信息

特定要求　无

外部接口　无

补充说明　删除后前台将不再展示，后台还可配置该类型下的帮助信息

案例 11

功能编号	ZF-SysAdmin-110	功能名称	权限管理
角　　色	系统管理员	优 先 级	高

简要描述　描述管理员对权限进行维护

执行条件 拥有相应的操作权限

功能详细描述 ——详细描述该功能项所执行的操作及其响应

(1) 新增

① 填写控制器名称、Action 名称、权限说明

② 写入系统

(2) 删除

① 选择一条权限

② 删除该权限

(3) 编辑

① 选择一条权限

② 填写控制器名称、Action 名称、权限说明

③ 修改该权限

(4) 查询

根据 Action 进行模糊查询,控制器名称精准查询

异常响应描述 ——详细描述该功能项所执行的操作出现的异常响应

删除

若该数据已被引用将不可删除,提示‘请联系管理员’

处理结果 成功将 actor 操作的权限数据写入系统;或者写入不成功,显示错误信息

特定要求 无

外部接口 无

补充说明 无

案例 12

功能编号	ZF-SysAdmin-111	**功能名称**	内部管理—角色
角　　色	系统管理员	**优 先 级**	高

简要描述 描述管理员对用户角色进行维护

执行条件 需选择一个用户

功能详细描述 ——详细描述该功能项所执行的操作及其响应

① 选择要赋予该用户的角色

② 写入系统

异常响应描述 ——详细描述该功能项所执行的操作出现的异常响应

无

处理结果　成功将 actor 操作的角色赋予用户,数据写入系统;或者写入不成功,显示错误信息

特定要求　无

外部接口　无

补充说明　用于按角色进行授权

案例 13

功能编号	ZF-SysAdmin-112	**功能名称**	内部管理—用户维护
角　　色	系统管理员	**优 先 级**	高

简要描述　描述管理员对用户进行维护

执行条件　拥有相应的操作权限

功能详细描述 ——详细描述该功能项所执行的操作及其响应

(1) 新增管理员

① 填写账户、密码、手机

② 写入系统

(2) 编辑

① 选择一个用户

② 填写账户、密码、手机

③ 修改该用户

异常响应描述 ——详细描述该功能项所执行的操作出现的异常响应

无

处理结果　成功填写将该 actor 输入的用户信息数据写入系统;或者填写验证不成功,显示错误信息

特定要求　无

外部接口　无

补充说明　无

案例 14

功能编号	ZF-SysAdmin-113	功能名称	内部管理—账号状态
角　　色	系统管理员	优 先 级	高

简要描述　描述管理员对用户状态进行维护

执行条件　选择一个用户

功能详细描述——详细描述该功能项所执行的操作及其响应

(1) 锁定

将该用户锁定,阻止登录

(2) 解锁

解除对用户的锁定

(3) 删除

将该用户删除

异常响应描述——详细描述该功能项所执行的操作出现的异常响应

无

处理结果　成功填写将该actor配置的用户状态信息数据写入系统;或者填写验证不成功,显示错误信息

特定要求　无

外部接口　无

补充说明　无

案例 15

功能编号	ZF-SysAdmin-114	功能名称	基本页面元素维护
角　　色	系统管理员	优 先 级	高

简要描述　描述管理员对基本页面元素进行维护

执行条件 拥有相应的操作权限

功能详细描述 ——详细描述该功能项所执行的操作及其响应

(1) 新增

① 填写元素编号、元素名称、元素提示信息、元素样式

② 写入系统

(2) 删除

① 选择一条基本元素

② 删除该基本元素

(3) 编辑

① 选择一条基本元素

② 填写元素编号、元素名称、元素提示信息、元素样式

③ 修改该基本元素

异常响应描述 ——详细描述该功能项所执行的操作出现的异常响应

无

处理结果 成功填写将该 actor 输入的基本页面元素数据写入系统;或者填写验证不成功,显示错误信息

特定要求 无

外部接口 无

补充说明 删除将删除所有与其相关的数据,谨慎操作!

案例 16

功能编号 ZF-SysAdmin-115 **功能名称** 页面元素维护

角　　色 系统管理员 **优 先 级** 高

简要描述 描述管理员对页面元素进行维护

执行条件 拥有相应的操作权限

功能详细描述 ——详细描述该功能项所执行的操作及其响应

(1) 新增

① 选择功能模块、基本元素

② 写入系统

(2) 删除

① 选择一条页面元素

② 删除该页面元素

(3) 查询

根据功能模块模糊查询,基本元素精准查询

异常响应描述 ——详细描述该功能项所执行的操作出现的异常响应

无

处理结果	成功填写将该 actor 输入的页面元素数据写入系统;或者填写验证不成功,显示错误信息
特定要求	无
外部接口	无
补充说明	删除将删除所有与其相关的数据,谨慎操作! 使用级联删除方式

案例 17

功能编号	ZF-SysAdmin-116	**功能名称**	角色维护
角　　色	系统管理员	**优 先 级**	高
简要描述	描述管理员对角色进行维护		
执行条件	拥有相应的操作权限		

功能详细描述 ——详细描述该功能项所执行的操作及其响应

(1) 新增

① 填写角色名称、角色说明两个必填项

② 写入系统

(2) 删除

① 选择一个角色

② 删除该角色

(3) 编辑

① 选择一个角色

② 填写角色名称、角色说明两个必填项

③ 修改该角色

异常响应描述 ——详细描述该功能项所执行的操作出现的异常响应

删除

若该数据已被引用将不可删除,提示‘请联系管理员’

处理结果　成功填写将该 actor 输入的角色数据写入系统;或者填写验证不成功,显示错误信息

特定要求　无

外部接口　无

补充说明　无

案例 18

功能编号	ZF-SysAdmin-116	**功能名称**	角色维护—权限
角　　色	系统管理员	**优 先 级**	高

简要描述　描述管理员对角色权限进行维护

执行条件　选择一个角色

功能详细描述 ——详细描述该功能项所执行的操作及其响应

① 选择该角色所应该赋予的权限

② 写入系统

异常响应描述 ——详细描述该功能项所执行的操作出现的异常响应

无

处理结果　成功保存该 actor 配置的角色权限,写入系统;或者保存不成功,显示错误信息

特定要求　无

外部接口　无

补充说明　给角色赋予权限(功能模块)时,权限(功能模块)没有配置页面元素,之后给权限(功能模块)配置页面元素,角色将不具

备该页面元素，如需具备该页面元素，请取消角色与该页面元素对应的权限(功能模块)的关系，重新关联角色和权限(功能模块)的关系，也可在页面元素列表中添加(不推荐)

案例19

功能编号	ZF-SysAdmin-117	功能名称	角色维护—页面元素
角　　色	系统管理员	优先级	高

简要描述　描述管理员对角色页面元素进行维护

执行条件　选择一个角色

功能详细描述——详细描述该功能项所执行的操作及其响应

(1) 新增

① 选择元素、功能模块，填写排序

② 写入系统

(2) 删除

① 选择一个角色页面元素

② 删除该角色页面元素

(3) 编辑

① 选择一个角色页面元素

② 选择元素、功能模块，填写排序

③ 修改该角色页面元素

(4) 查询

根据功能模块模糊查询

异常响应描述——详细描述该功能项所执行的操作出现的异常响应

无

处理结果　成功保存该 actor 配置的角色页面元素，写入系统；或者保存不成功，显示错误信息

特定要求　无

外部接口　无

补充说明 操作不当会导致系统不可正常使用,请谨慎操作!

案例 20

功能编号	ZF-SysAdmin-118	**功能名称**	角色维护—用户列表
角　　色	系统管理员	**优 先 级**	高

简要描述 描述管理员查看应用该角色的用户

执行条件 选择一个角色

功能详细描述 ——详细描述该功能项所执行的操作及其响应

查询

根据账号进行模糊查询,用户状态、用户类型精准查询

异常响应描述 ——详细描述该功能项所执行的操作出现的异常响应

无

处理结果 成功向该 actor 展示应用该角色的用户；或者展示不成功,显示错误信息

特定要求 无

外部接口 无

补充说明 无

(10)智能推荐功能需求描述

案例

功能编号	ZF-ZNTJ-001	**功能名称**	智能推荐
角　　色	系统自动运行	**优 先 级**	高

简要描述 描述系统自动运行,智能推荐方式

执行条件 有相关的配置信息

功能详细描述 ——详细描述该功能项所执行的操作及其响应

① 系统按照全局配置的时间自动运行智能推荐,不影响主线程运行。

② 出现异常后,如有用户需求智能推荐的结果,能自动恢复运行。

③ 用抽象接口实现运算的代码,方便后续的二次开发。

异常响应描述 ——详细描述该功能项所执行的操作出现的异常响应

无

处理结果	成功向该actor展示应用该角色的用户；或者展示不成功，显示错误信息
特定要求	无
外部接口	无
补充说明	项目一期先搭建框架，后续的算法由用户方二次开发中补充完善

第3章 中非商贸投资协同服务平台网站简介及其如何满足用户需求

3.1 中非商贸投资协同服务平台网站简介

中非商贸投资协同服务平台致力于建设共建共享、公开透明的一站式公共服务平台，解决中非商贸投资中市场信息不对称、缺乏深度沟通和信任、国际汇率不稳定导致贸易增长缓慢等问题，开展以留学生创业为基础的中非文化交流，推动中国海外投资，助力非洲发展经济，吸引外资。平台整合两国资源，优势互补，为商贸投资注入新动力，开启中非合作共赢、共同发展的新篇章。

中非商贸投资协同服务平台的建立是为了更好地促进中非经贸文化交流，平台以线上网站为依托开展各项业务功能，为两国政界、商界以及百姓、消费者提供多样化、个性化的服务。

3.1.1 中非商贸投资协同服务平台网站系统概述

经过中非双方几十年的努力，中非合作在经贸、农业、科技、金融、文化等领域已取得丰硕成果，尤其是中非合作论坛，已成为国际合作的一个典范。中非合作对于中国和非洲各国的发展来说都非常重要。

为使中非合作更加务实、有成效，我们利用浙江师范大学的优势搭建一个公共服务的平台（见图 3-1），加强双方交流沟通、增进了解、扩大信息共享，促进双方在政治、经贸、文化、科技等方面的全方位合作。平台建设坚持公益服务原则，为中国政府、企业和个人提供整合协同服务，为非洲国家利用中国资源提高人民生活水平和国家发展程度提供帮助（见图 3-2）；坚持共建共享原则，平台只提供公共设施服务、规则体系制定执行和通用解决方案，绝对不能陷入具体的贸易和投资活动，要让平台的用户在服务其他用户中获得发展；坚持公平透明原则，规则体系的建立和执行要引导平台参与者树立只有通过提供优质的产

图 3-1　中非商贸投资协同服务平台网站首页顶部菜单栏

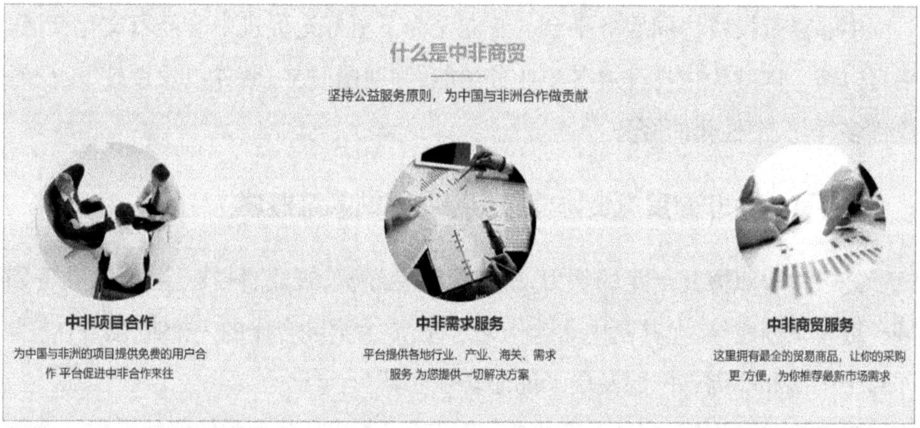

图 3-2　中非商贸投资协同服务平台网站服务内容

品、服务和项目才能发展的理念，尽最大努力杜绝无序竞争、恶性竞争、诚信缺失的行为(见图 3-3)。

图 3-3　中非商贸投资协同服务平台网站服务流程及项目案例

3.1.2　中非商贸投资协同服务平台网站的适用对象

中非商贸投资协同服务平台为政府及非政府组织、第三方服务商、进出口贸易商、商贸投资商和专家学者五大类用户提供服务。平台以公共服务为宗旨，以公益服务、共建共享、公平透明为原则，建立共享共建的生态圈，形成协同服务体系，降低投资风险，优化贸易流程，提升合作效率。

市场信息不对称、缺乏沟通机制和信用体系、缺乏公共服务支撑等是服务对象所面临的共同问题，平台根据不同对象的特征，有针对性的满足各类用户的需求，真正实现和做到一站式协同服务，助力中国企业走进非洲，提高非洲人民生活水平。

1. 政府及非政府组织

政府以及非政府组织的行业协会，在市场大环境中起着指导和引领的作用，代表了一个国家和官方标准，是企业和消费者共同信赖的权威。在宏观市场环境中，政府急需全面了解双方市场环境和社会习惯，为制定助力经贸合作的政策提供决策咨询服务；同时需要建立涉非人才、专家智库，进行人才输出与交流，推动双方经贸合作往来；熟知政策法律法规，为企业提供中、非双方经贸政策宣讲；并提供公共服务，给予相关企业优惠政策和待遇。

中非商贸投资协同服务平台的建立，为双方政府全面了解社会经济环境和政策法规提供了渠道通路，服务于促进两国政府间更好地实现经贸交流。平台的一站式经济情报数据库满足了政府了解宏观市场走向的需求，内部有着涉非经验的人员可为政府提供专业的决策咨询，为制定经贸合作政策提供基础信息数据，并为政府提供公共服务打下基础；人才组织数据库也为政府建立智库提供了人力资源和渠道。

2.第三方服务商

经贸合作与文化交流都离不开第三方服务商的配合与协同，它是市场中的重要补给者，是市场中不可或缺的一部分。在激烈的竞争环境中，第三方服务商急需合适的客户资源与自身业务匹配并且不断丰富和扩展业务内涵。市场中需要有一个规范的机制来为各个第三方服务商提供良好的竞争环境，在鱼龙混杂的市场中筛选出高质量的客户，增强双方的合作效率。同时，诚信体系也是各大服务商非常关注的问题，可靠性和安全性影响着合作的进程。市场中丰富的第三方服务商资源也需要有专门的机构协同整合，来平衡各方利益与竞争，从而更好地为市场中的其他群体服务。

中非商贸投资协同服务平台是第一个功能完善、机制规范的综合服务平台，建立的一站式第三方服务窗口，实现了深度集成，服务效率更高。平台通过资源整合，能够满足市场中各方用户的信息高效匹配，并拥有规范的准入控制手段，利用信用评级和反馈机制来提高平台上各方用户的质量，解决了第三方服务商对客户质量不佳的担忧，配合着平台的制裁控制，用户的安全性也得到了保障。在严格的平台控制下，平台的功能服务完善且丰富，各方用户均可享受到与之相适应的功能服务，避免了恶意竞争带来的破坏，营造了良好的市场环境。

3.进出口贸易商

对于进出口贸易商而言，寻找需求信息和合适的客户资源，熟知贸易对象的信誉状况、当地的市场环境与消费需求至关重要。在传统贸易中，缺乏从信息匹配、交易磋商到商品输出等流程的协同的一条龙服务，而且贸易流程繁琐复杂，在冗长的过程中往往也会出现意想不到的问题。在进出口贸易活动中，缺少专业的咨询服务为企业提供对策建议，在出口过程中，企业缺乏品牌效应，在国际市场难以立足。贸易的最终目的是为了双方获利，而繁复的贸易手续阻碍了贸易进程和资金往来效率，缺乏信用体系担保机制和沟通交流渠道来为贸易双方之间增加信任。

中非商贸投资协同服务平台建立的一站式商品数据库服务，对商品贸易进行系统化管理，促成进出口贸易达成。平台为进出口贸易商企业提供活动推广、进出口贸易咨询、准入机制、信用评级等服务，并利用高度集成的第三方服务窗口，为进出口贸易提供配套服务，使得贸易流程更加便利化。平台通过审核将企业进行信誉评级，筛选出符合标准的高质量企业进入平台，帮助提升进出口企业的品牌形象。在进出口贸易咨询中，为企业估计市场容量，挖掘用户需求，辨识对方市场需求痛点，进行营销渠道优化和产品创新支撑以及营销策略创新。同时，利用信誉评级机制和第三方服务集成，实现信用出口，提供信誉担保，进一步优化和便利贸易流程。

4.商贸投资商

非洲国家丰富的自然资源和矿产资源成为人们近年来投资的热潮，非洲地区也成为一大批商人竞相拓展业务的热土。然而，在这些投资热和走出去的过程中，国人对当地投资环境与政策法律法规等缺乏了解，难以实现项目对接，投资受阻。同时，难以寻找到合适的合作伙伴共同在新的土地上立足，往往是个体探路单兵作战。缺乏市场中的经济情报信息，既增加了我国企业走进非洲的困难，也导致了非洲国家无法将自身的优势资源合理利用。

中非商贸投资协同服务平台聚焦经济情报开发和情报数据挖掘，共建共享项目投资数据库和一站式经济情报合作中心。项目投资数据库为两国企业提供投资项目供需匹配服务、项目投资咨询服务、合作伙伴推介服务、经贸政策解读等。这些功能服务整合了投资项目资源，促进各方了解并挖掘合作对象形成合作机制，降低项目投资风险，提升项目价值，促成双方的高效接洽。一站式经济情报合作中心提供投资咨询服务，提供装备制造、农业机械、工业设备、运输设备、能源燃料、矿产资源等的投资项目信息，同时也促进资本、政策、技术、营销等资源拥有者的合作投资，形成抱团优势。

5.专家学者经贸文化交流

近年来，非洲研究是专家学者们广泛关注的研究领域，在经济、文化、政治等多个方面，已经取得一定的研究成果。但是这些宝贵的研究成果缺少一个互相分享的平台，除了学术交流，便没有更好的机会可以与他人共同探讨和学习。此外，专家们理论知识充沛但也需要实践经验，有必要加强与企业之间的合作交流，使研究内容更加丰富，同时专家们的知识也能在与企业合作的过程中输出，双方互补合作。

中非商贸投资协同服务平台为专家学者们提供成果分享的渠道，既可以提升自己的研究价值，也可以扩大研究的国际影响力，使非洲的国情、省情、社情更为广泛的传播，扩大受众面。通过平台的信息匹配系统，将企业与专家匹配，实现企业与专家合作，专家为企业培养人才，提供培训服务，进行管理指导；企业为专家学者们提供了实践的平台和研究支撑，实现双方共赢。平台更是一个学术文化交流的舞台，在这里汇集众多专家学者与企业家，共同探讨中、非双方的经济市场行情与政策法规，进一步深化双方经贸往来。

3.2 中非商贸投资协同服务平台网站的功能

中非商贸投资协同服务平台的建设目标主要是解决三方面的问题：①解决市场信息不对称的问题，降低交易成本；②构建市场诚信价值体系，增加合作双方之间的信任；③通过平台提供的服务和各项活动来促进中非经贸文化交流合作。

在平台三大建设目标的指引下，平台建设也对运营者的设计、开发和运营提出了相应的要求。①设计和开发要从用户角度出发，根据实际场景充分考虑用户的需求；②将各方用户的需求相互关联，保证平台的各项功能相互协同，以需求支撑功能；③平台信息规范化、标准化、模板化，使用户查找目标信息更便捷；④建立合理合规的管理机制，设置不同权限的后台管理人员，保障用户信息在网站上的安全性。

鉴于以上的建设目标和要求，中非商贸投资协同服务平台网站的功能主要包括以下几个方面：商贸投资服务中心、商品中心、项目中心、经济信息、商脉圈、帮助中心，具体功能结构如图 3–4 所示。

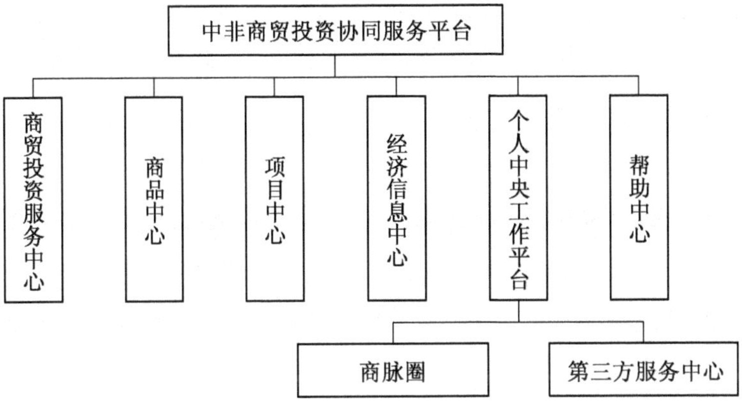

图 3-4　中非商贸投资协同服务平台功能结构

平台系统功能围绕中非贸易及投资所涉及的相关数据展开，主要包括如何采集存储数据及如何使用管理数据两个大的方向。

3.2.1　商贸投资服务中心

商贸投资服务中心为各方用户尤其是进出口贸易商和商贸投资商提供了一个中非商贸投资服务的平台，如图 3-5 所示。

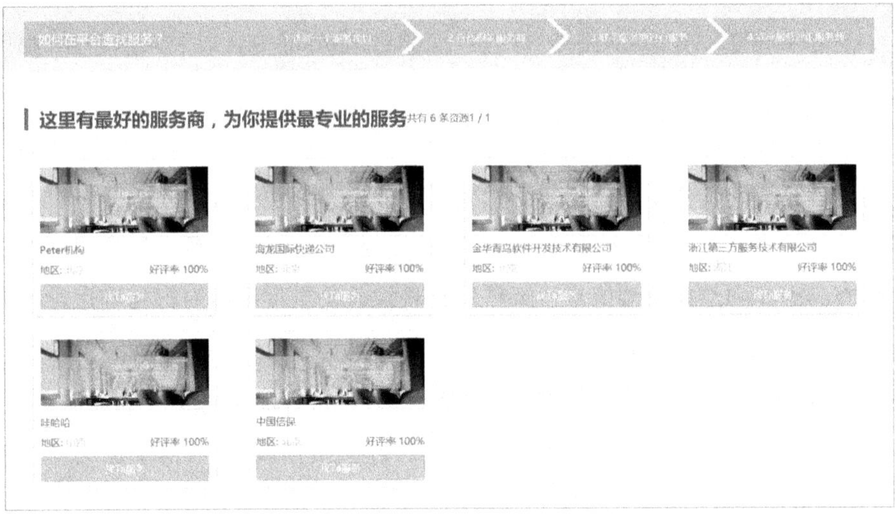

图 3-5　中非商贸投资协同服务平台——商贸投资服务中心

在服务大厅中提供了“国际贸易流程”和“跨国投资流程”两大服务流程，通过一站式的服务流程，简化业务进程的各个环节，也使得各流程具有更强的透明度，用户也可以在自己的“个人中心”查看各个环节的进程，及时了解业务开展情况。

同时，商贸投资服务中心也设置了“如何在平台查找服务？”的栏目，用户可以根据指引更快速地找到所需要的服务：选择一个服务项目→查找相关服务商→联系服务商进行服务。在这里，平台系统通过对用户行为数据进行分析，将为用户智能化推荐相关的服务商，自动匹配用户的需求，真正实现平台一站式服务的目标。

3.2.2 商品中心

商品中心是基于关键词的编码库，建立商品多维编码模型，使商品库与平台项目、合作信息、服务机构协同作用，最大程度整合各方资源。在进行商品编码的同时建立商品描述模型，基于商品属性特征进行大数据分析，根据用户特点有针对性地推荐相关商品。此外，还能构建商品市场需求、竞争优势等模型，为企业提供深度咨询服务，建立精准的“商品—用户”自动供需匹配模型，促进贸易合作的达成。

商品中心主要分为：新品专区、二手商品专区、样品专区以及求购商品、品牌服务商这几个部分，如图 3-6 所示。

平台系统构建了商品数据库，卖方用户可以将商品信息上传平台，平台通过智能推荐系统向其他用户进行推荐，同时配套中非商贸投资协同服务平台线下运营中心的商品展示，为贸易双方创造更多交易合作的机会。买方用户可以在平台的商品中心中发布求购信息，系统后台将求购信息根据用户行为推送给相关贸易商，从而实现双方的供需匹配。

此外，中心提供的“品牌服务商”功能，将为用户智能推荐相关的优质、可靠第三方服务商，如物流服务、货物代理、货物保险、资信调查等，协助进出口贸易商进行交易往来。

(a)

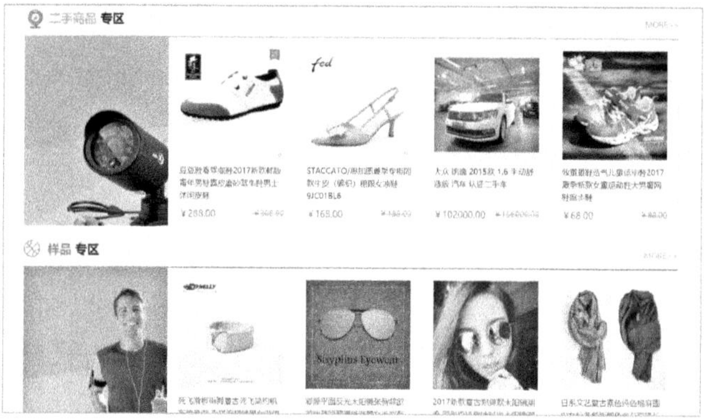

(b)

(c)

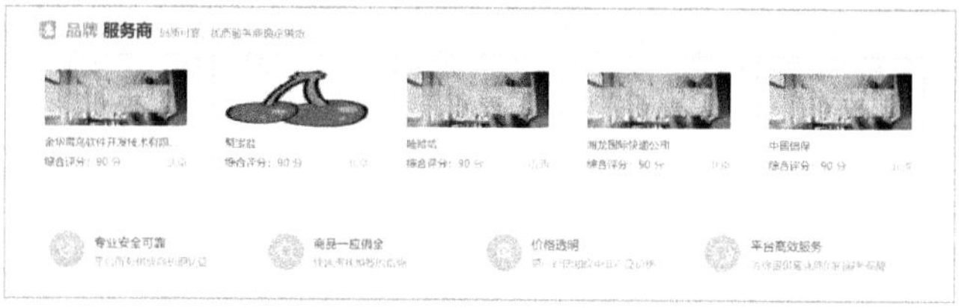

(d)

图 3-6　中非商贸投资协同服务平台——商品中心

(a) 新品专区；(b) 二手商品专区、样品专区；(c) 求购商品；(d) 品牌服务商

3.2.3 项目中心

项目中心主要是为投资商提供各类项目,供中非两国投资商选择。结合平台上的经济信息,掌握第一手的市场行情资讯信息,使投资合作成功率更高。

项目中心将构建投资项目描述模型,规范项目信息,根据项目属性关联商品、合作信息和服务机构,整合贸易市场信息。并且围绕项目所需匹配的第三方服务机构,提供整合协同的投资服务体系。同时为感兴趣的用户进行智能推荐,为其建立交流圈子,为深度讨论进一步搭建商脉沟通网络提供帮助。

此外,项目按地区、类型等多维度划分,用户可按不同维度对项目进行关键字搜索,并且系统可以将项目信息进行规范化、模板化,更加清楚、准确地让投资人了解项目信息。同时,根据投资人的浏览记录等行为偏好智能推荐感兴趣的项目,如图 3–7 所示。

(a)

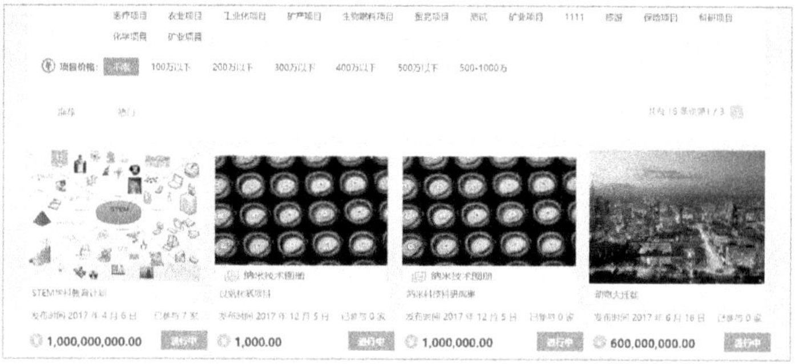

(b)

(c)

图 3-7 中非商贸投资协同服务平台——项目中心

(a) 项目;(b)(c) 推荐项目

3.2.4 经济信息中心

经济信息中心提供了合作信息模板,规范各方用户合作信息的内容,协同平台资源,充分发挥合作信息的经济价值。建立有效的评价反馈体系,为合作信息发布者提供可参考的改进意见,进一步提高服务质量。同时,构建合作信息供需匹配模型,解决市场信息不对称的问题,使更多合作信息作用于贸易实践,发挥作用和价值。

经济信息中心是平台搭建的经济情报数据库,向用户推送最及时、最准确的商业资讯、市场行情、经贸政策等,帮助贸易商、投资商、政府机构等了解最新的行业动态,做出准确决策。

此外,经济信息中心还为用户提供经济贸易咨询、市场信息、市场反馈等,按照不同的类别对信息进行分类,为各方用户提供规范、准确的经济信息(见图3-8)。经济信息这一功能,能够为政府制定经贸政策提供咨询服务,帮助进出口贸易商和投资商获取经济资讯并为其提供相关咨询，为专家学者的研究工作提供素材等。

图 3-8 中非商贸投资协同服务平台——经济信息中心

3.2.5 个人中央工作平台

平台对用户进行实名认证，通过审核的用户拥有自己的个人中央工作平台。平台构建起诚信价值体系，为平台中的各方用户提供良好的贸易环境。在工作平台中可进行个人和组织的业务展示，服务推荐，进一步促成合作。同时，建立平台与用户之间的直接沟通机制，得到用户及时反馈，提高合作效率。平台基于微信公众号开发的信息推送、转发等功能，以商脉圈、人脉网为实现方式，构建商业沟通网络，发掘潜在合作伙伴。在个人中央平台上，用户可以管理、使用自己的商脉圈；用户也可以使用第三方服务机构的服务，系统后台将通过收集用户足迹和行为习惯，向用户智能推荐相应的服务商。

1. 商脉圈

商脉圈的核心是建立起用户之间的沟通网络。一方面，帮助用户建立人脉关系，打通客户资源，促成合作；另一方面，实现线上的交流互动，提高合作效率。平台构建区域或商品的二维圈子，用户根据自身需求申请加入相关商脉圈，从而结识更多潜在的贸易伙伴（见图 3-9）。

图 3-9　中非商贸投资协同服务平台——商脉圈

2.第三方服务中心

第三方服务中心将第三方服务商深度集成，同时将贸易流程结点化，贸易中的各个环节均可快速找到所需的服务，从而使得贸易流程更加便利化。建立服务描述模型，规范服务内容，明确服务效果，有助于用户选择合适的服务机构。并且，平台建立服务评价反馈机制，更重视用户体验并获得直接评价，从而改进服务质量。

3.2.6　帮助中心

帮助中心主要是为用户提供注册登录（注册流程指引、登录说明）、用户升级（认证用户、企业用户）、功能模块（安全中心、企业中心、服务中心）三个方面的指导，便于用户更好地使用平台的各项功能（见图 3-10）。

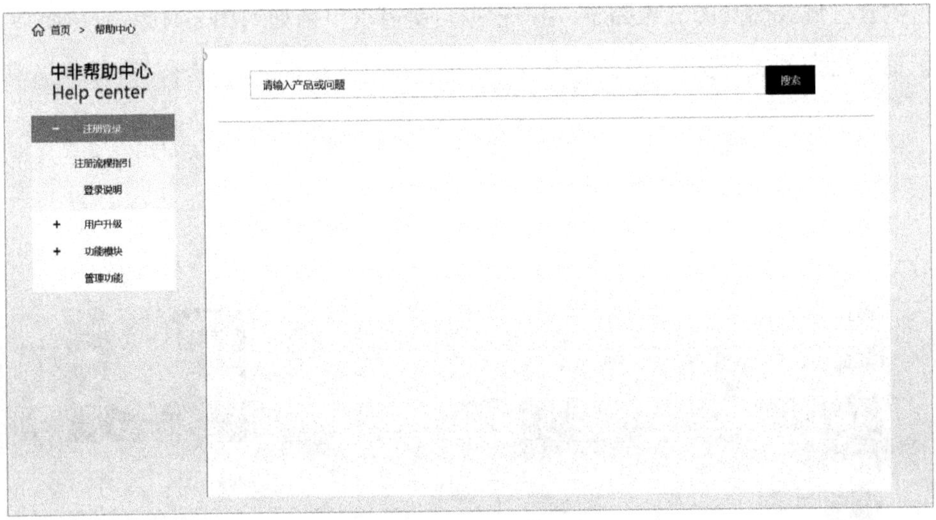

图 3-10 中非商贸投资协同服务平台——帮助中心

3.3 运行环境

该系统为 B/S 三层结构，它的运行环境分浏览器端、应用服务器端和数据库服务器端三部分。

以下是系统的软件环境。

3.3.1 系统配置要求

1.浏览器端

（1）操作系统：Windows2000 Professional/XP 或更新版本。

（2）浏览器：IE6 以上，其他常见浏览器如 Chrome、FireFox 等。

2.应用服务器端

操作系统：Windows2000 Server 或更新版本。

应用服务器：IIS7.5。

数据库访问：JDBC。

3.数据库服务器端

操作系统：Windows2000 Server 或更新版本。

数据库系统:SQL Server 2008。

3.3.2 平台主界面

中非商贸投资协同服务平台主要是由线上平台(网站)开展业务及线下运营中心支撑共同进行运作。

用户使用平台时，可以通过中非商贸投资协同服务平台网站来进行不同的业务操作,其首页界面如图 3-11 所示。在这一界面中包括:商贸投资服务中心、商品中心、项目中心、经济信息四大主要板块,以及一站式商贸服务、一站式商品服务、一站式项目服务三个业务功能。此外,还提供了项目需求一键发布、专业化服务商管理、贸易商品采购、商脉圈互动交流、中非最新咨询情报、丰富的服务企业经验等服务。

(a)

(b)

(c)

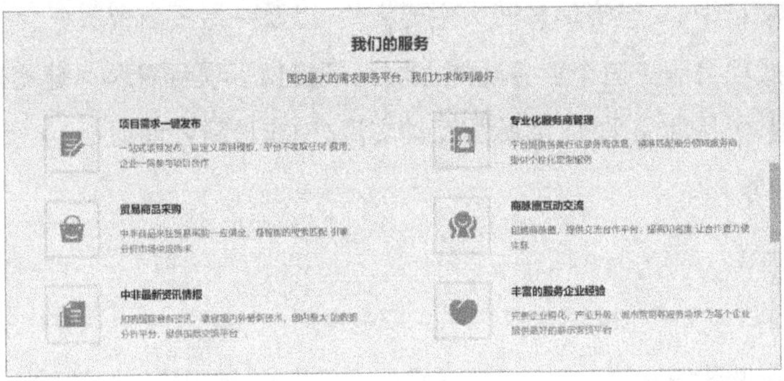

(d)

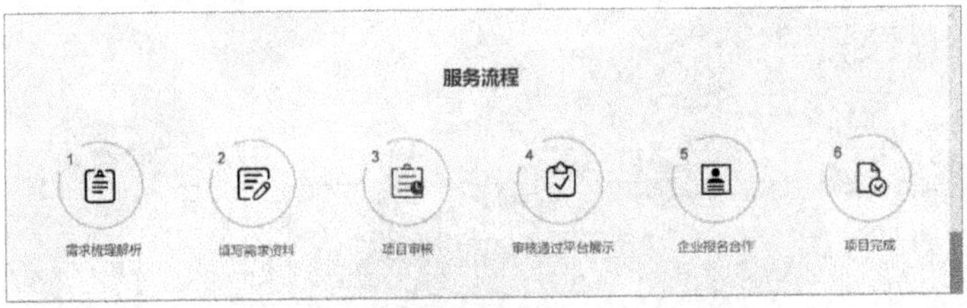

(e)

(f)

图 3-11 中非商贸投资协同服务平台首页

(a)(b)(c)(d)(e)(f)平台首页

3.3.3 第一次进入

当用户第一进入平台网站时，可以直接浏览网站首页的功能、服务、案例等信息，若用户需要使用，则需进行注册或登录，如图 3-12、图 3-13、图 3-14 所示。

网站首页上方有相应的注册、登录按钮，同时可参照“帮助中心”，列有详细的注册流程指引和登录说明。具体的注册和登录操作，详见第 4 章。

图 3-12 中非商贸投资协同服务平台登录、注册按钮

图 3-13 中非商贸投资协同服务平台登录界面

图 3-14　中非商贸投资协同服务平台注册界面

3.4　平台系统特性

3.4.1　平台系统角色

1. 用户类别及特征

平台上的用户类别总体上分为游客、注册用户(包括个人用户和企业用户)、服务机构用户、专家学者用户以及管理员(包括平台管理员、超级管理员、系统管理员)五大类,不同类别的用户在平台上拥有不同的使用和操作权限,各方用户可以根据自己的需求选择相适应的功能和服务,从而实现平台的价值。具体类别及使用权限说明见表3-1。

表 3-1 平台用户类别及特征

用户类别名称	简要说明
游客	未注册的用户,可以浏览平台网站前端的非授权信息
注册用户	通过手机注册验证的用户
个人用户	通过个人身份认证的用户,具有个人中心的使用、操作权限
企业用户	通过企业资质验证的用户,具有企业中心的使用、操作权限
服务机构用户	由企业用户升级,能提供第三方服务的用户,具有服务中心权限
专家学者用户	主要由平台运营者邀请分配账户,主要操作评价系统的功能
平台管理员	负责平台运营的业务数据的管理及操作
超级管理员	处理较高权限的业务功能
系统管理员	一般由专业 IT 人员来担任,用户数量比较少。负责系统的配置、备份与恢复以及监测系统的运行情况

2. 系统角色

本平台致力于服务中非经贸投资业务，为以下几类用户以及文中未涉及的有中非经贸文化交流往来的其他用户或组织提供服务。

(1) 政府及非政府组织。政府以及非政府组织、行业协会等可以通过平台提供的服务掌握各项动态数据,包括市场行情与消费需求信息等;通过平台的评价体系了解市场反馈,进行服务评估,通过平台的数据库进行市场信息调研,从而有助于政府制定政策规章等,便于从官方立场保障中非经贸文化交流顺利进行,如图 3-15 所示。

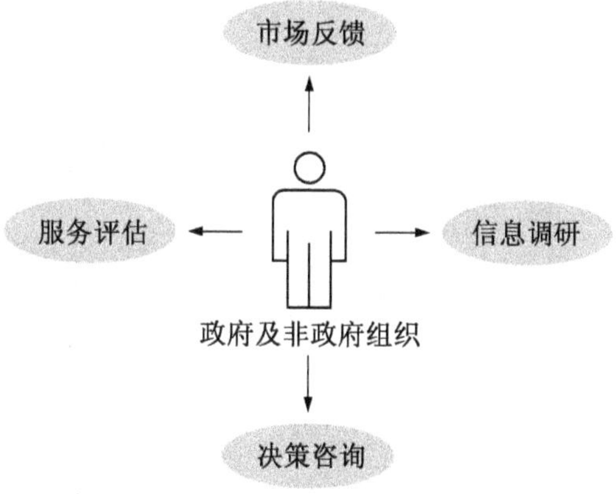

图 3-15 政府及非政府组织用例图

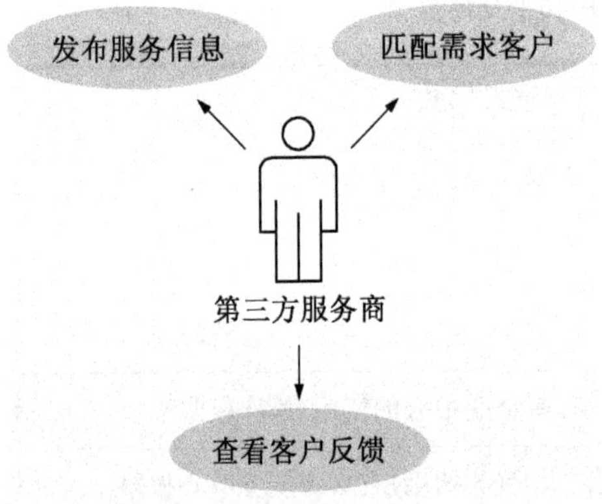

图 3-16 第三方服务商用例图

（2）第三方服务商。各大第三方服务商通过平台的集成，通过认证和审核后可以在平台上发布各个机构的服务信息，通过平台的智能推荐系统为其匹配需求相符的客户。同时，平台的用户反馈体系可以使第三方服务商更好地了解和掌握客户的评价反馈，从而提高自身服务质量，如图 3-16 所示。

（3）进出口贸易商。平台将建立贸易沟通和交易的桥梁，并构建诚信价值体系，为贸易双方提供一个安全、诚信、高效的交易环境。进出口贸易商通过平台认证和审核后可以发布其商品信息，通过平台智能推荐引擎或用户发布的求购信息匹配需求客户。在国际贸易流程中用户可以通过平台寻找到可以合作的优质第三方服务商资源，获取到当地的第一手经济信息和贸易咨询，提高了信息的匹配度。

用户可以在平台上申请创建商品—地区的二维网格商脉圈，从而为平台用户提供更多的合作机会，如图 3-17 所示。

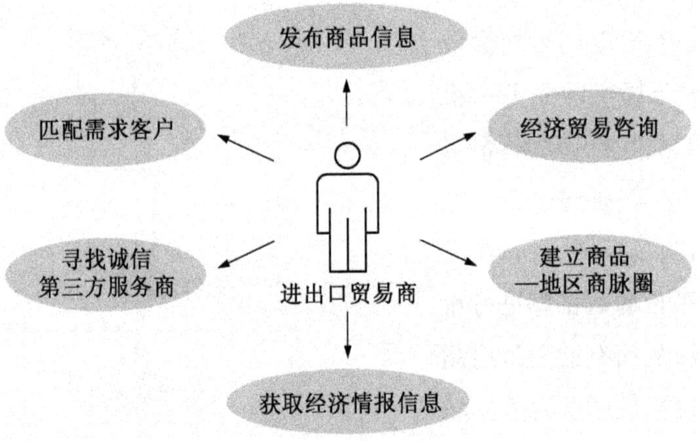

图 3-17 进出口贸易商用例图

(4) 专家学者。专家学者通过平台为中非经贸提供咨询服务，从而将理论转化为实际经济效益并在实践中加以验证。同时从平台获取市场信息和用户的评价反馈，为学术研究提供支撑，如图 3–18 所示。

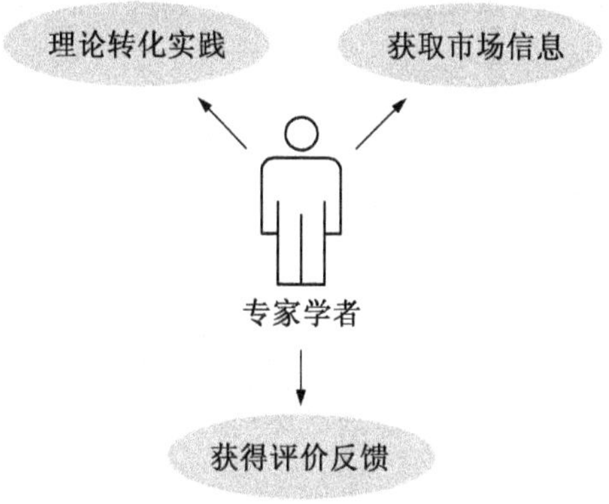

图 3–18 专家学者用例图

(5) 商贸投资者。项目发起者通过平台审核后发布项目信息，商贸投资者通过平台市场信息、经济情报信息和智能推荐引擎寻找投资项目，同时根据项目各个流程节点了解项目进展情况。在整个投资过程中，投资方可借助平台资源优势获得经贸咨询服务或者寻找诚信第三方服务商，如图 3–19 所示。

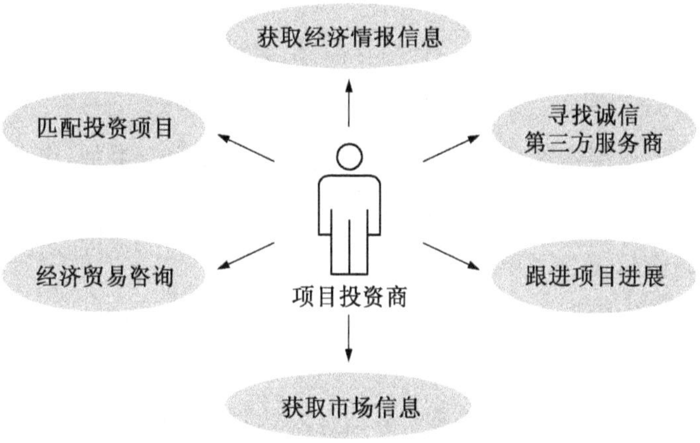

图 3–19 商贸投资者用例图

3.4.2 第三方服务中心

1. 发布服务信息

平台建立统一的信息发布模板，将服务信息按照服务机构、服务类型、流程环节进行多维度分类，按照标准进行填写，填写完成后保存提交，由平台管理员进行审核发布。

平台上的用户可以通过不同分类查找到所需要的服务，同时通过规范化、模板化发布服务信息，保证服务信息的准确性。

具体操作步骤：

(1) 第三方服务商用户进入个人中心“我的服务”模块，单击“新增”；

(2) 系统弹出服务模板窗口，用户选择服务类型，填写服务内容、服务流程、预期效果；

(3) 用户信息填写完毕，单击“保存”即可提交平台管理员审核，否则单击“返回”，撤销本次发布服务信息。

2. 修改服务信息

平台除了提供发布信息的功能外，还可以进行修改信息。已经具有平台认证资格并且在平台发布过服务信息的第三方服务商，可以修改已发布的服务信息。

具体操作步骤：

(1) 第三方服务商用户进入个人中心“我的服务”模块，选中服务列表中需修改的服务，单击“编辑”，则可对服务信息进行修改编辑；

(2) 系统弹出服务模板窗口，用户根据需要更改服务类型、服务内容、服务流程、预期效果；

(3) 用户信息更改完毕，单击“保存”即可提交平台管理员审核，否则单击“返回”，撤销本次编辑服务信息。

3. 删除服务信息

平台除了发布服务信息、修改服务信息的功能外，也可以删除服务信息。已经具有平台认证资格并且在平台发布过服务信息的第三方服务商，可以删除已发布的服务信息。

具体操作步骤：

(1) 第三方服务商用户进入个人中心“我的服务”模块，选中服务列表中需修改的服务，单击“删除”按钮，则可以选择是否要删除此信息；

(2) 系统弹出对话框“确定删除所选择的记录吗？”，选择“确定”，删除操作成功。

4. 匹配需求用户

平台系统可根据用户在平台的浏览记录、搜索记录等数据进行用户行为分析，提供智能推荐服务。通过数据分析，我们将为各方用户提供更精准、更具个性化的服务。为第三方服务商挖掘潜在的客户资源，同时，为其他用户提供与其需求相匹配的优质第三方服务商。

5. 查看客户反馈

平台设置了用户反馈机制，平台中的每项服务，用户都可以在使用后对其进行评价。在评价时要求用户遵循客观、公正的原则，平台也将对评价内容规范化，为提高服务质量提供可参考性。

6. 分类查看第三方服务内容详情

平台上的所有注册用户都具有查看所需要的第三方服务内容详情的资格，用户具有认证资格，拥有平台服务的使用权限。平台对第三方服务商发布的信息进行分类，用户可以根据需要进行分类查看。

具体操作步骤：

（1）用户进入平台，单击导航“商贸投资服务中心”，浏览该界面顶部第三方服务相关分类，查找需要的信息分类；

（2）选择需要查看的第三方服务类型，单击对应图片，跳转到该服务详情界面；

（3）用户浏览该项服务详情，查看提供该项服务的第三方服务商列表，查看服务流程节点并自主选择节点。

7. 查看第三方服务商详情

平台上的所有注册用户都具有查看所需要的第三方服务内容详情的资格，用户具有认证资格，拥有平台服务的使用权限。平台的智能推荐功能可向用户推荐第三方服务商，用户可以查看该服务商的服务详情。

具体操作步骤：

（1）用户进入平台，单击导航“商贸投资服务中心”，浏览该界面底部推荐的第三方服务商；

(2) 选择需要查看的第三方服务商，单击对应的“找 Ta 服务”按钮，跳转到该服务商详情界面；

(3) 用户浏览该服务商详情，查看该服务商所提供服务以及用户评价，自主选择是否使用该第三方服务商的服务。

3.4.3 商品中心

1.发布商品

平台建立统一的商品发布模板，将商品信息按照多个维度分类，按照标准进行填写，填写完成后保存提交，由平台管理员进行审核发布。

平台上的用户可以通过不同分类查找到所需要的商品，同时通过规范化、模板化发布商品信息与求购信息，进行供需双方匹配。

具体操作步骤：

(1) 用户进入个人中心“我的商品”模块，单击“发布商品”；

(2) 系统弹出“发布商品”窗口，用户根据弹窗显示的模板，填写商品的基本信息、商品描述、商品规格参数；

(3) 用户信息填写完毕，单击“提交”即可提交平台管理员审核，否则单击“返回”，撤销本次发布商品信息。

2.新增图片

用户在发布商品信息时需图文并茂，在此用户可以增加商品图片。

具体操作步骤：

(1) 用户进入个人中心“我的商品”模块，选择待审核状态下的商品，单击“新增图片”；

(2) 系统弹出“新增图片”窗口，用户上传图片；

(3) 用户上传完毕后，单击“保存”即可提交平台管理员审核，否则单击“返回”，撤销本次新增图片。

3.新增关键词

用户可对发布的商品设置关键词，便于平台上的用户查找所需要的商品信息。

具体操作步骤：

（1）第三方服务商用户进入个人中心“我的商品”模块，选择待审核状态下的商品，单击“新增关键词”；

（2）系统弹出“新增关键词”窗口，用户可在下拉菜单中选择关键词，单击“新增”即新增成功。

4.编辑商品

平台除了提供发布商品的功能外，还可以进行修改。已经具有平台认证资格并且在平台发布过商品信息的用户，可以修改已发布的商品。

具体操作步骤：

（1）用户进入个人中心“我的商品”模块，选择待审核状态下的商品，单击“编辑”按钮；

（2）系统弹出“编辑”窗口，用户根据弹窗显示的模板，可以修改填写商品的基本信息、商品描述、商品规格参数；

（3）修改完毕后，单击“提交”即可提交平台管理员审核，否则单击“返回”，撤销本次编辑商品信息。

5.删除商品

平台除了提供发布商品、修改商品的功能外，还可以进行删除。已经具有平台认证资格并且在平台发布过商品信息的用户，可以删除已发布的商品。

具体操作步骤：

（1）用户进入个人中心“我的商品”模块，选择要删除的商品，单击“删除”；

（2）系统弹出“删除”窗口，“确定删除所选择项目的记录吗？”，单击“确定”即删除成功。

6.查询商品

用户可以根据商品的类型、发布时间等检索需要的商品类目。

具体操作步骤：

（1）用户进入个人中心“我的商品”模块，输入查询条件，单击“查询”；

（2）相关数据就显示在弹窗中。

7.克隆商品

平台还为用户提供了商品克隆的功能，可以直接克隆商品数据，节省重新发布商品的时间。

具体操作步骤：

（1）用户进入个人中心“我的商品”模块，选择需要克隆的商品数据，单击“克隆”按钮；

（2）系统弹出“克隆”窗口，用户在下拉菜单中选择分类，即克隆成功。

3.4.4 项目中心

1.新增项目

平台建立统一的项目信息发布模板，将项目信息按地区、类型等多维度分类，按照标准填写项目信息，填写完成后保存提交，由平台管理员进行审核发布。通过规范化、模板化发布服务信息，保证项目信息的准确性。

具体操作步骤：

（1）用户进入个人中心“我的项目”模块，单击“新增”按钮；

（2）系统弹出“新增”窗口，用户填写项目名称、项目类型、国家、地区、投资额、排序、审批程序、预期回报、利益相关者、市场需求描述、主要风险、项目主图；

（3）用户信息填写完毕，单击“保存”即可提交平台管理员审核，否则单击“返回”，撤销本次发布项目信息。

2.修改项目

平台除了提供发布项目信息的功能外，还可以进行修改。已经具有平台认证资格并且在平台发布过项目信息的用户，可以修改已发布的项目。

具体操作步骤：

（1）用户进入个人中心“我的项目”模块，选中需要更改的项目，单击“编辑”按钮；

（2）系统弹出“编辑”窗口，用户更改项目名称、项目类型、国家、地区、投资额、排序、审批程序、预期回报、利益相关者、市场需求描述、主要风险、项目主图；

（3）用户信息更改完毕，单击“保存”即可提交平台管理员审核，否则单击

"返回",撤销本次更改项目信息。

3.删除项目

平台除了发布项目、修改项目的功能外,也可以删除服务信息。已经具有平台认证资格并且在平台发布过项目信息的用户,可以删除已发布的项目。

具体操作步骤:

(1) 用户进入个人中心"我的项目"模块,选中需要更改的项目,单击"删除"按钮;

(2) 系统弹出"删除"对话框,"确定删除所选择的记录吗?";

(3) 用户单击"确定",项目删除。

4.查询项目

平台上的所有注册用户都具有查看所需要的项目信息的资格，用户具有认证资格,拥有平台服务的使用权限。

具体操作步骤:

(1) 用户进入个人中心"我的项目"模块;

(2) 选择需要查看的项目类别,单击对应的图片,跳转到该项目详情界面;

(3) 用户浏览该项目详情,查看该项目的发布方、发布时间、投资额度、基本要求、项目描述、主要风险、项目进度、项目评价等。

5.寻找诚信第三方服务商

平台的全流程服务使得用户在项目投资的各个环节都能找到可靠的第三方服务机构(例如对合作伙伴的资信调查)来辅助项目进程。同时,在项目投资各个阶段平台都将有相关的智能推荐。

6.寻找投资项目

平台项目按地区、类型等多维度划分,用户可按不同维度对项目进行关键字搜索。且项目信息规范化、模板化,能清楚、准确地让投资人了解项目信息。同时,根据投资人的浏览记录等行为偏好智能推荐感兴趣的项目。

3.4.5 经济信息中心

1.发布经济信息

平台建立统一的经济信息发布模板，将经济信息按类型等维度分类，按照标准进行填写，填写完成后保存提交，由平台管理员进行审核发布。通过规范化、模板化发布经济合作信息，并向用户推送最及时、最准确的商业资讯，帮助贸易商、投资商、专家学者等了解行业动态，作出准确决策。

具体操作步骤：

(1) 用户进入个人中心“我的信息”模块，单击“新增”按钮；

(2) 系统弹出“新增”窗口，用户填写经济信息名称、主要作者、概要描述、基本内容、选择信息模板、说明信息来源等；

(3) 用户信息填写完毕，单击“发布”即可提交平台管理员审核，否则单击“返回”，撤销本次发布经济信息。

2.删除经济信息

平台除了发布经济信息的功能外，也可以删除经济信息。已经具有平台认证资格并且在平台发布过经济信息的用户，可以删除已发布的经济信息。

具体操作步骤：

(1) 用户进入个人中心“我的信息”模块，选中需要删除的信息，单击“删除”按钮；

(2) 系统弹出“删除”对话框，“确定删除所选择的记录吗？”；

(3) 用户单击“确定”，项目删除。

3.查询经济信息

平台上的所有注册用户都具有查看所需要的经济信息的资格，用户具有认证资格，拥有平台服务的使用权限。

具体操作步骤：

(1) 用户进入个人中心“我的信息”模块；

(2) 选择需要查看的信息类别，单击对应的图片，跳转到该项目详情界面；

(3) 用户浏览该项目详情，查看该经济信息的发布方、发布时间、概要描述、基本内容、消息来源、信息评价等。

3.4.6 个人中央工作平台

（1）个人或组织的身份认证，提供个人或组织的证件、信用资料等，以便商业合作伙伴对其身份、信用、实力等有直接的了解，促成合作。

（2）个人或组织的业务展示，以图文并茂或链接的形式展示其提供的商品、服务和投资项目，促进本平台与其他第三方服务商的协同。

（3）平台建立了商脉圈子的设置、建立和维护功能，基于平台整体的商脉网络和匹配算法，提供建议加入圈子、新建圈子、邀请潜在伙伴加入等功能。

（4）平台建立了“我的合作伙伴”列表，可以邀请、管理和维护合作伙伴加入平台，成为用户后将其作为合作伙伴，同时提供对合作伙伴进行评价和维护的功能。平台为其提供其他用户对该合作伙伴的评价等级信息（包括产品、服务和项目本身、用户资信和实力等信用评价、交易交付过程评价等），帮助用户全面了解合作伙伴。

（5）平台系统会自建“区域—行业”二维网格圈子群，以便为平台用户提供权威、可靠的共享服务。

第 4 章
中非商贸投资协同服务平台如何使用

4.1 注册登录

4.1.1 用户注册

1. 注册

打开中非商贸投资服务平台官网：zf.jaderd.com：3006→注册→填写相应信息，如“手机号”“验证码”“密码”等→立即注册→注册成功。

注：注册成功后即成为平台注册用户，如图 4-1 所示。

(a)

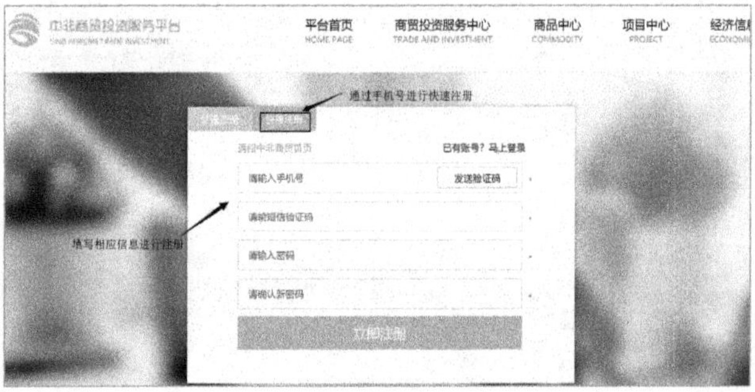

(b)

图 4-1 注册

(a) 平台首页；(b) 注册

2. 修改密码

单击用户名→个人中心→安全中心→修改密码→输入验证码→下一步→输入新密码→完成。

注:完成后,密码修改成功,如图 4-2 所示。

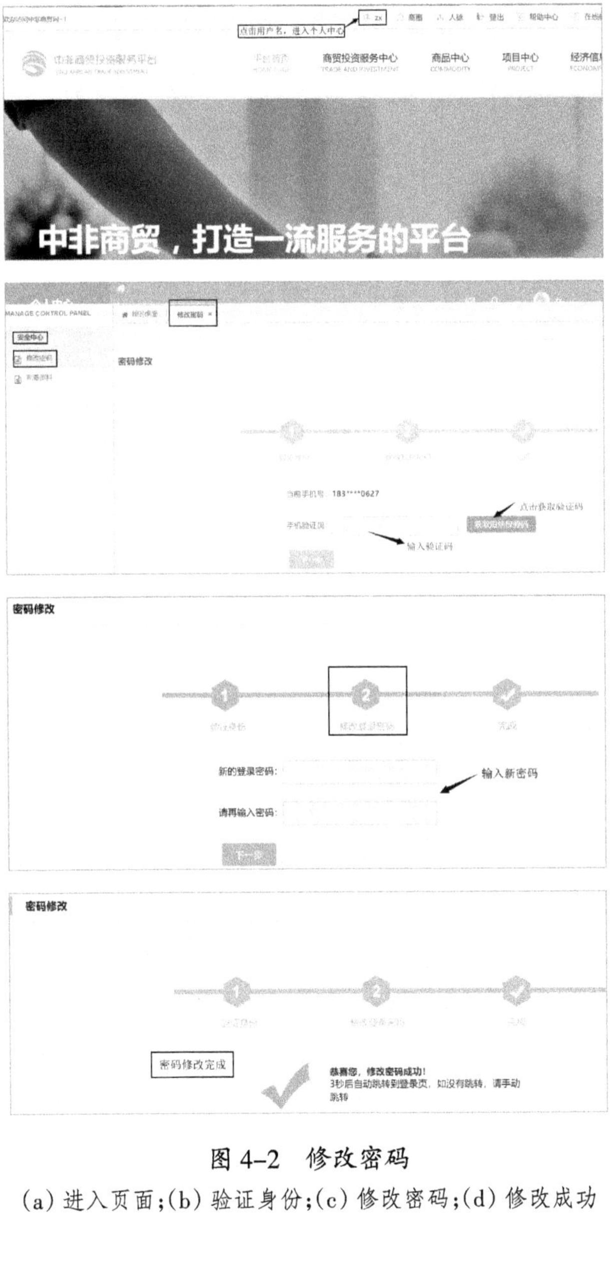

(a)

(b)

(c)

(d)

图 4-2 修改密码

(a) 进入页面;(b) 验证身份;(c) 修改密码;(d) 修改成功

3. 完善资料

安全中心→完善资料→添加头像、所属国家、地区等信息→立即保存→成功。

注:个人头像变成完善资料时添加的头像,如图 4-3 所示。

(a)

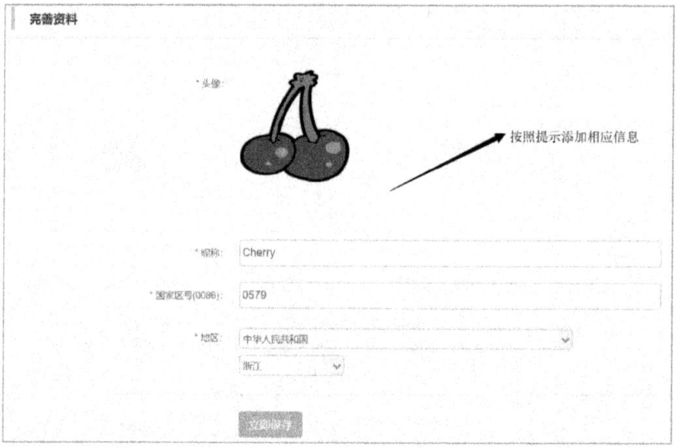

(b)

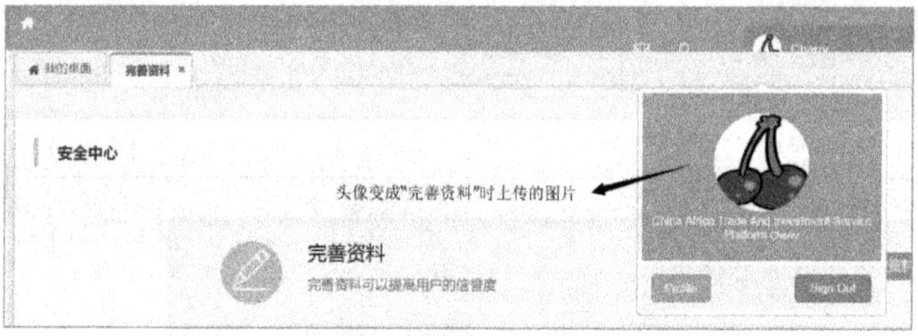

(c)

图 4-3 完善资料

(a) 完善资料;(b) 添加信息;(c) 成功

4.1.2 用户实名认证

安全中心→完善资料→实名认证→填写姓名、联系方式、身份证号等→立即提交管理员审核。如通过则显示已认证，未通过则“个人中心”中的“站内信”会收到提醒，需重新提交认证资料，如图 4–4 所示。

(a)

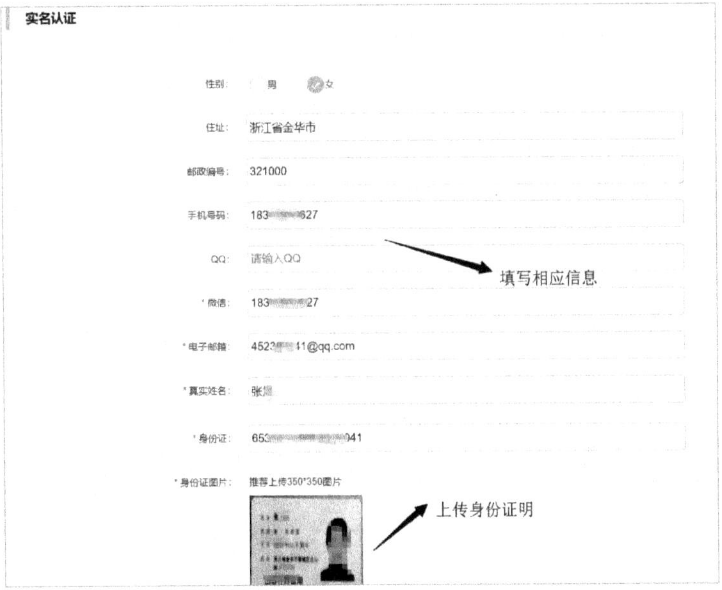

(b)

图 4–4 实名认证

(a) 完善资料;(b) 填写信息

（1）认证通过：认证状态变成“已认证”，个人中心项目由原先只有“站内信”增加至六个板块，如图 4–5 所示。

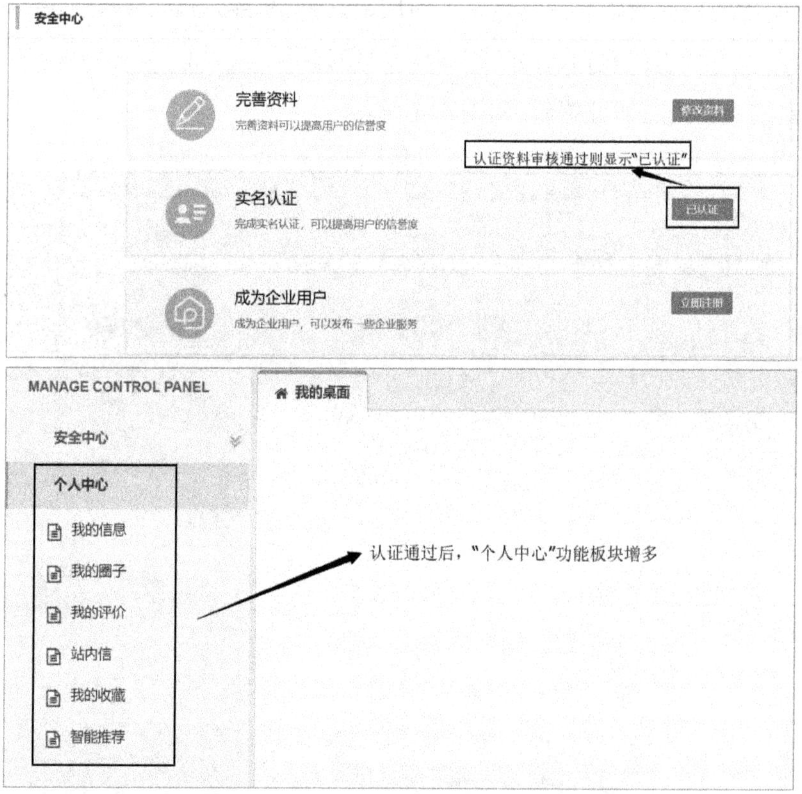

图 4–5　实名认证通过

（2）认证不通过：“个人中心”的“站内信”会收到未通过通知，需重新申请认证，如图 4–6 所示。

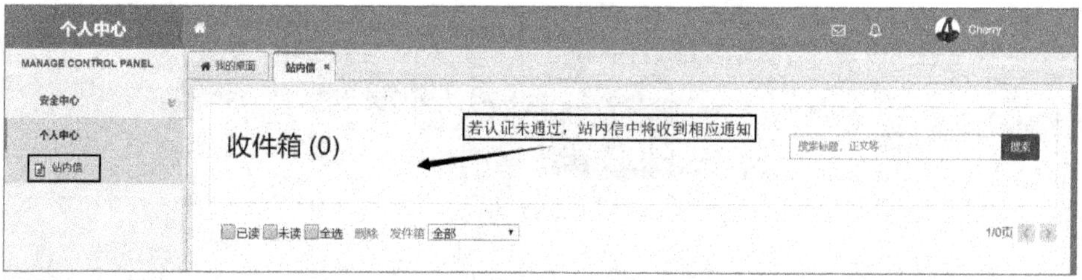

图 4–6　实名认证不通过

4.1.3 我的消息

站内信：无论是收件箱还是发件箱，普通用户只能查看与自己相关的记录信息，管理员(超级管理员)可以查看所有的记录信息。

(1) 收件箱。收件箱中显示商品资讯信息和商圈申请信息以及未公开的站内信、审批信息等。

商品咨询——用户给商家发送的商品咨询信息，将显示在供应商的收件箱中。

商圈申请——用户申请加入未公开商圈的站内申请审批。

(2) 发件箱。商品咨询——平台上的用户给相关供应商家发送的咨询，用户可在自己的发件箱中查看已发送的咨询信息。

(3) 我的圈子。首页右上角“商圈”→单击“加入商圈”→个人中心，我的圈子→出现该条记录，如图 4-7 所示。

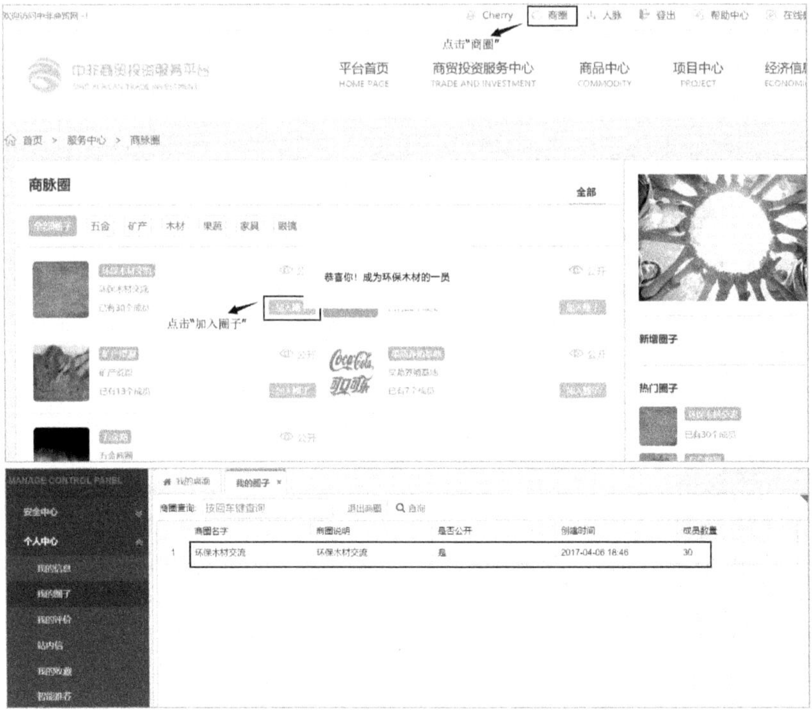

图 4-7 “我的圈子”

4.1.4 我的评论

商品中心、项目中心、经济信息板块发布的评论→个人中心，我的评论→记录自身发布的评论，如图 4-8 所示。

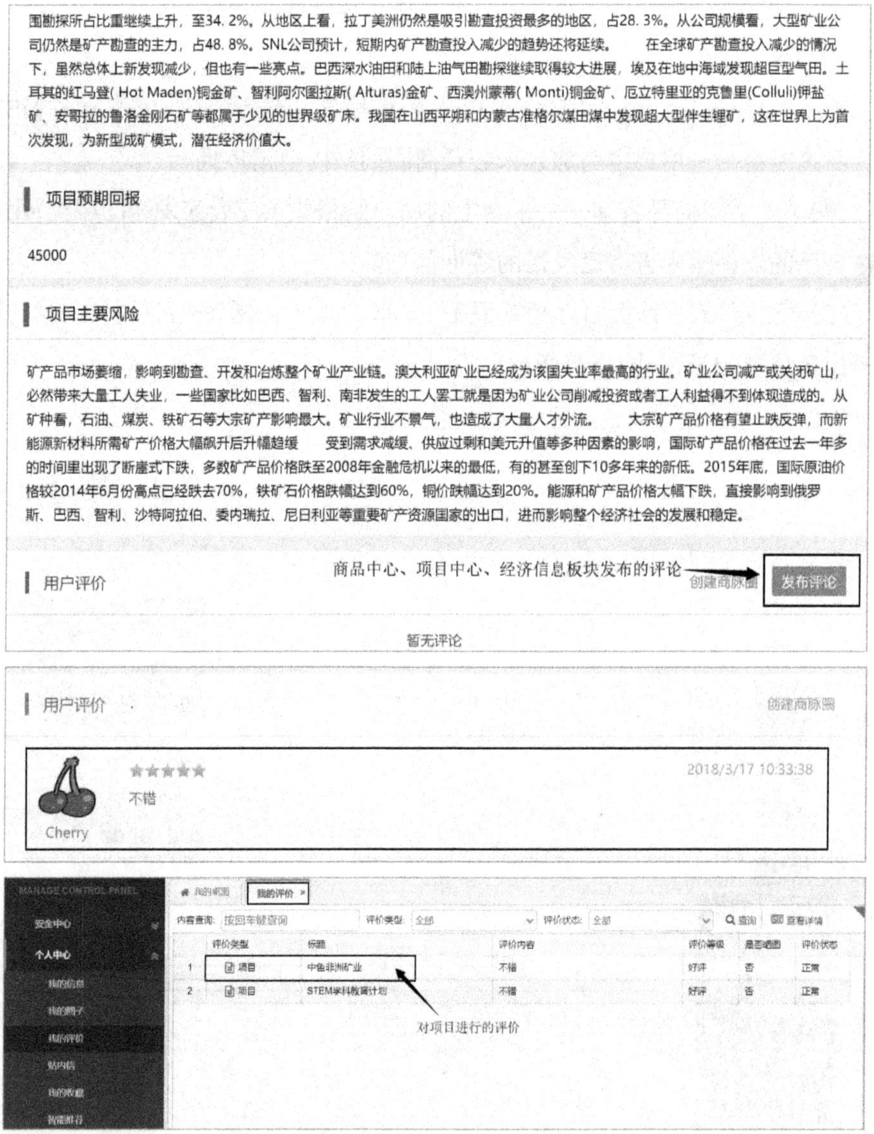

图 4-8　评论板块

4.1.5 站内信

平台给用户发的通知将在站内信显示，如实名认证、注册企业、服务商审核未通过将会在此收到一份未通过审核的通知，如图 4–9 所示。

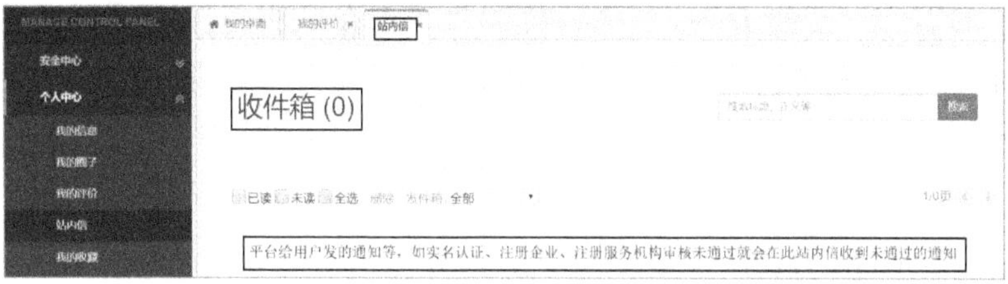

图 4–9　站内信

4.1.6 我的收藏

在“我的收藏”中可以查看用户在商品中心、项目中心等添加的收藏记录，如图 4–10 所示。

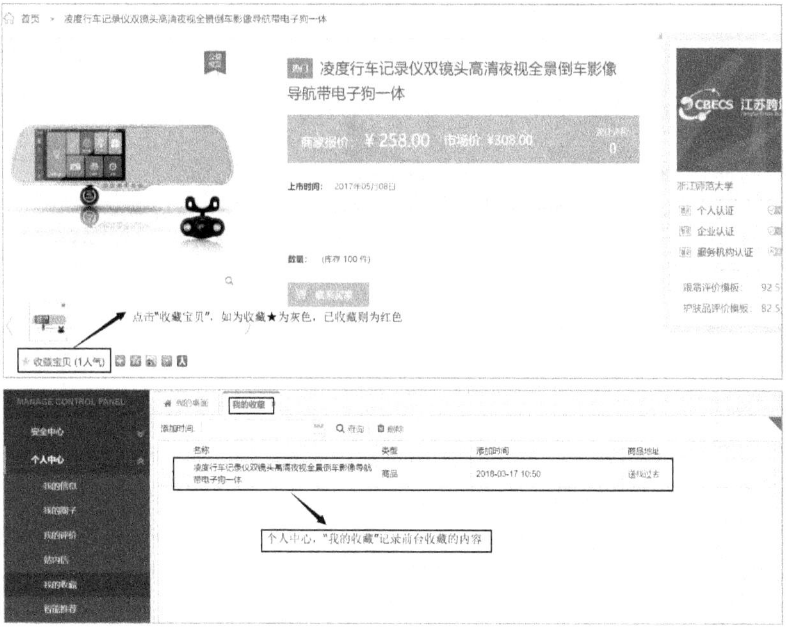

图 4–10　我的收藏

4.1.7 智能推荐

“智能推荐”板块将采用大数据分析决策。系统将在“个人中心”的“智能推荐”中，根据经济情报偏好（信息类型 / 作者来源 / 同类信息），用户选择推荐类型中的“信息”进行查询，系统将智能化地推荐给用户便于打包式信息购买，形成信息交易和品牌推广的闭环回路，帮助实现自动化、智能化、流程化的管理。

4.2 用户升级

4.2.1 企业用户

1. 申请成为企业用户

申请成为企业用户→安全中心→成为企业用户→填写相应的资料，如企业名称、企业邮箱、企业营业执照、法人姓名等信息→提交审核→审核通过，成为企业用户状态变成“已注册”；审核未通过“个人中心”站内信会收到信息邮件提示未通过，需重新上传相关资料，如图 4-11 所示。

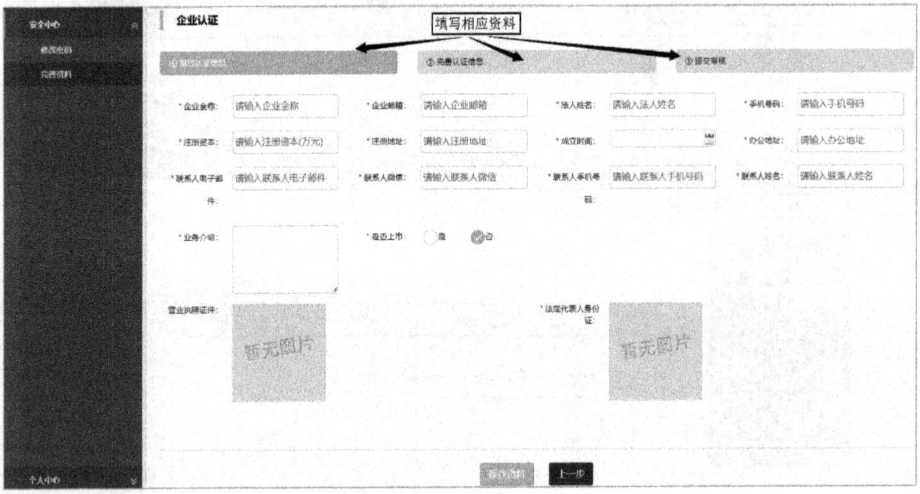

(a)

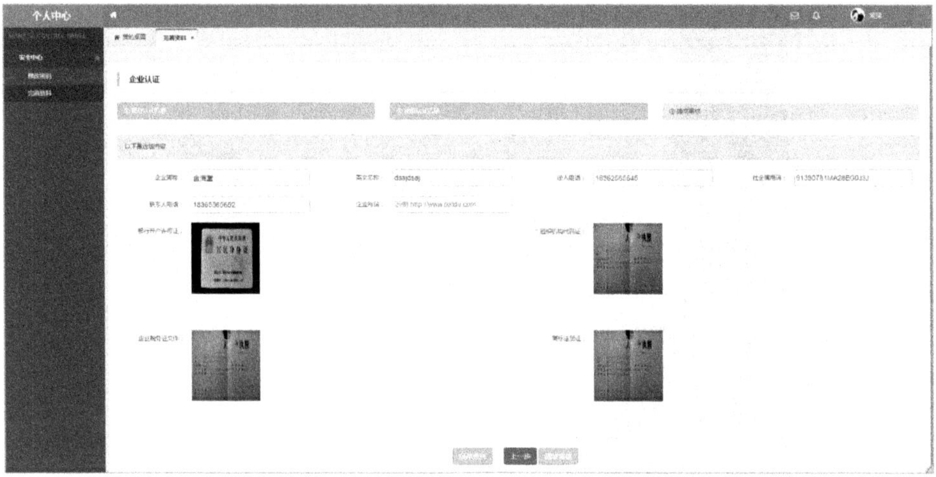

(b)

(c)

图 4-11　申请成为企业用户

(a) 申请页面；(b) 填写；(c) 申请成功

(1) 审核通过：状态变成“已注册”，多了“企业中心”，并且出现了“服务商”申请端口，如图 4-12 所示。

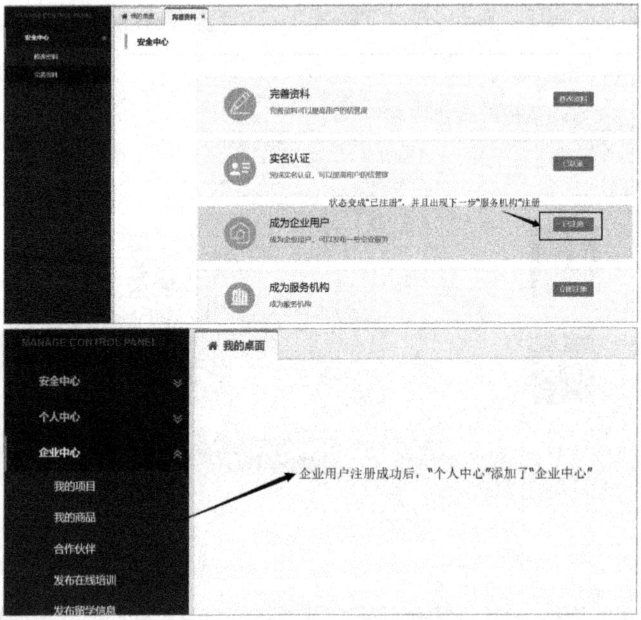

图 4–12　申请成为企业用户成功

（2）审核未通过：状态不变还是“立即注册”，“个人中心”中的站内信会收到相应通知。

2. 企业用户发布项目

企业中心→我的项目→新增→填写项目的相关信息，如项目名称、项目类型等→保存→项目建好后编辑可添加项目图片、附件等→新建的项目会显示在前台的项目中心，如图 4–13、图 4–14、图 4–15 所示。

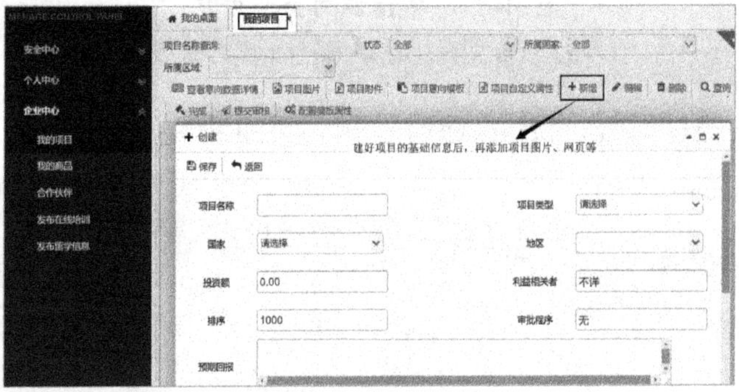

图 4–13　发布项目

图 4-14 查看已发布项目信息

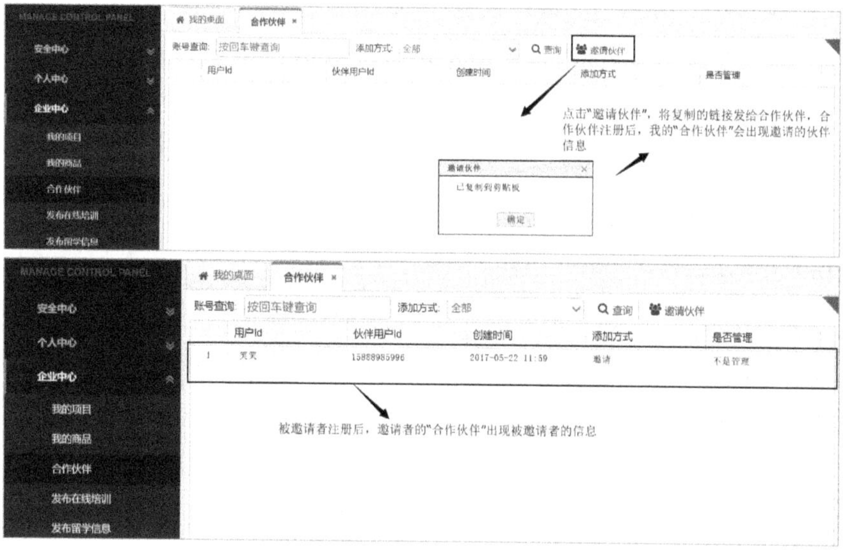

图 4-15 邀请合作伙伴

(1) 项目编码和描述：企业中心→我的项目→发布项目→填写项目相应信息，包括项目名称、项目类型、国家、地区、投资额、排序、审批程序、预期回报、利益相关者、市场需求描述、主要风险、项目主图等与项目投资有关的全部信息需求。

（2）项目审核和建档：单击“保存”按钮后，系统自动为项目建档：记录项目名称、项目类型、项目主图、国家名称、地区、市场需求描述、预期回报、投资额、状态、是否下线、添加时间、详情等（选中指定项目后，可对其描述信息再次编辑或者删除，也可新增信息，如项目图片、项目附件、项目意向模板，以文字或者图片形式对资源拥有者提出的合作意愿加以限定）→提交审核→待审核（后台管理员审核后）→审核通过（收到站内信），建档信息中“审核状态”由“待审核”转为“审核通过”。

（3）项目场景化展示：审核通过后，在“项目中心”板块发布。系统将以如下呈现形式陈列：①项目发起地呈现：如中华人民共和国、大不列颠及北爱尔兰联合王国、俄罗斯联邦、美利坚合众国、埃及等；②根据项目类型呈现：医疗项目、教育项目、留学项目、交通运输项目、市政工程项目、房地产项目、物业项目、互联网开发、桥梁构造、医疗项目、农业项目、工业化项目、矿产项目、生物燃料项目、贸易项目等；③根据项目价格呈现：100 万以下、200 万以下、300 万以下、400 万以下、500 万以下、500 万 ~1000 万等；④根据用户行为呈现（热门）：依据点击率，超过 1000 以上将被评定为热门；⑤根据管理员评价呈现（推荐）：人工推荐，由后台管理员操作，后续成熟后将按照特定的算法自动推荐；⑥根据关键词搜索。

对于具体的推广项目，单击项目图片进入主介绍区，将以图文的形式对项目进行描述，即包括项目名称、项目发布方、项目发起点、项目类型、项目发布时间、项目投资额度、参与者基本要求、项目附件、收藏人气等基本信息，以及项目描述、项目预期回报、项目主要风险、项目评价等与项目投资有关的其他重要信息。

（4）锁定目标合作群：对于有意愿投资的企业或个人，可通过“站内信”的形式与项目发起者进行沟通，项目发起者因此锁定目标合作群，项目发起者可以通过“企业中心”→我的项目→查看意向数据详情，查看发起项目的报名情况（即报名者的用户名称、身份证、手机号、项目合作意愿说明），并可以通过手机号与其进行深度沟通，以促成项目发起者和资源拥有者之间的合作。若项目发起者已成功洽谈有合作意愿的项目伙伴，则进入企业中心“我的项目”单击完成按钮，在项目中心将显示“已完成”。

(5)项目的持续改进:根据购买用户提供的评价反馈信息(在“项目中心”选定自身需要合作的项目,并查看项目评价区的用户反馈情况),针对用户的专业建议持续优化和改进投资项目。

(6)打包式营销项目:项目发起者也可以通过“企业中心”的“合作伙伴”寻找潜在的合作伙伴,以期促成合作资源的打包式营销推广,包括如下三种方式:①邀请:单击“邀请”按钮,系统自动复制本平台登录注册的网站链接,项目发起者可以通过自己的社交工具(QQ、朋友圈等)向有意愿的合作伙伴(整合投资项目所需的合作资源第三方提供商)发出邀请。②推荐匹配:系统也可以智能化地为其匹配潜在的合作伙伴。如通过项目发布人提出的合作需求自动为其匹配提供该项服务的第三方服务商。③主动添加:企业也可以通过“商贸投资服务中心”阅读第三方服务商的信息,主动添加平台上有合作意向的资源拥有者。

其中,项目的营销推广主要包括如下三种主要方式:①“项目中心”的系统营销:审核通过后,在“项目中心”板块发布;包括项目发起地、项目类型、项目价格、用户行为、管理员评价等。②“个人中心”的智能营销:后台算法和大数据分析,可以根据关键词和消费者感兴趣的项目为其智能推送。③“用户评价”的口碑营销:用户的评价反馈,包括评价内容、相关图片、选择星级等。

3. 企业用户推广商品

企业中心→我的商品→发布商品→填写商品相应信息,如基本商品、商品型号等→保存,保存成功后,前台在商品中心显示此商品,如图4-16、图4-17所示。

(1)商品编码和描述:企业中心→我的商品→发布商品→填写商品相应信息,包括基本信息(基本商品、商品型号、品牌、厂商、国家、区域、产品类型、商品标题、需求数量、供求关系、交易类型、数量来源、报价、计量单位、排序、市场价格)、商品描述和商品规格参数。

(2)商品审核和建档:单击“商品发布”按钮后,系统自动为商品建档:记录发布用户、商品名称、品牌名称、所属地区、商品标题、审核状态、产品类型、供求关系、是否热门、是否推荐、商品图片、查看详情等信息待发布(选中指定商品后,

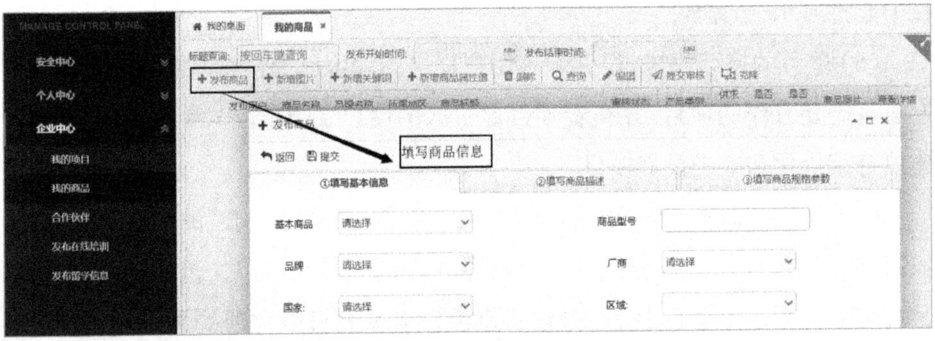

图 4-16　发布商品

图 4-17　查看已发布商品信息

可对其描述信息再次编辑、克隆或者删除，也可新增信息，如图片、关键词、商品属性值等)→提交审核→待审核(后台管理员审核后)→审核通过(收到站内信)，建档信息中“审核状态”由“待审核”转为“审核通过”。

(3)商品场景化陈列：审核通过后，在“商品中心”板块发布。系统将以如下呈现形式陈列：①根据商品特征呈现：今日热门、新品专区、二手商品专区、样品专区；②根据商品类型呈现：如名特优产品、家居家装、电脑办公、手机数码、家用电器、服装鞋帽、个护化妆、图书音像、礼品箱包、运动健康、汽车用品、母婴玩具、食品饮料等;③根据关键词搜索呈现。

对于具体的推广商品,单击商品图片进入主介绍区,将以图文的形式对商品进行描述,即包括商品名称、商家报价和市场价、上市时间、数量、收藏人气等基本信息,以及商品详情(如品牌名称、商品名称、生产商、商品产地等)、规格参数(如价格区间、商品材质、颜色分类等)、商品评价(评价内容、相关图片、选择星级)等与商品购买有关的其他重要信息。

(4)锁定目标客户群:对于有购买意向的企业或者个人,可通过"站内信"的形式与商家进行沟通,商家因此锁定目标客户群,并同样以站内信的形式回复意愿购买者进行深入沟通,进一步实现和促成双方的匹配和交易行为。

(5)商品的持续改进:根据购买用户提供的评价反馈信息(在"商品中心"选定自身需要推广的商品,并查看商品评价区的用户反馈情况),针对用户的建议和个性化需求持续改进商品,并做进一步推广。

(6)打包式推广商品:商贸企业也可以通过"企业中心"的"合作伙伴"寻找潜在的合作伙伴,以期促成品牌商品的打包式营销推广,包括如下三种方式:①邀请:单击"邀请"按钮,系统自动复制本平台登录注册的网站链接,商贸企业可以通过自己的社交工具(QQ、朋友圈等)向有意愿的合作伙伴(整合有合作机会的互补商品提供商贸企业以及整条生产链的第三方服务企业)发出邀请。②推荐匹配:系统也可以智能化地为其匹配潜在的合作伙伴。如通过商贸企业提供的商品自动为其匹配有合作机会的互补商品提供商贸企业以及整条生产链的第三方服务企业。③主动添加:企业也可以通过"商品中心"阅读商贸企业的品牌信息,主动添加平台上有合作意向的商贸企业。

其中,商品的营销推广主要包括如下三种主要方式:①"商品中心"的系统营销:审核通过后,在"经济信息"板块发布;包括商品特征、商品类型、关键词等。②"个人中心"的智能营销:后台算法和大数据分析,可以根据关键词和消费者感兴趣的商品为其智能推送。③"用户评价"的口碑营销:用户的评价反馈,包括评价内容、相关图片、选择星级等。

4.2.2 服务机构

1. 申请成为服务机构

成为服务机构：安全中心→完善资料→立即注册成为服务机构→填写机构名称、机构介绍等信息→提交→审核通过，如图 4-18 所示。

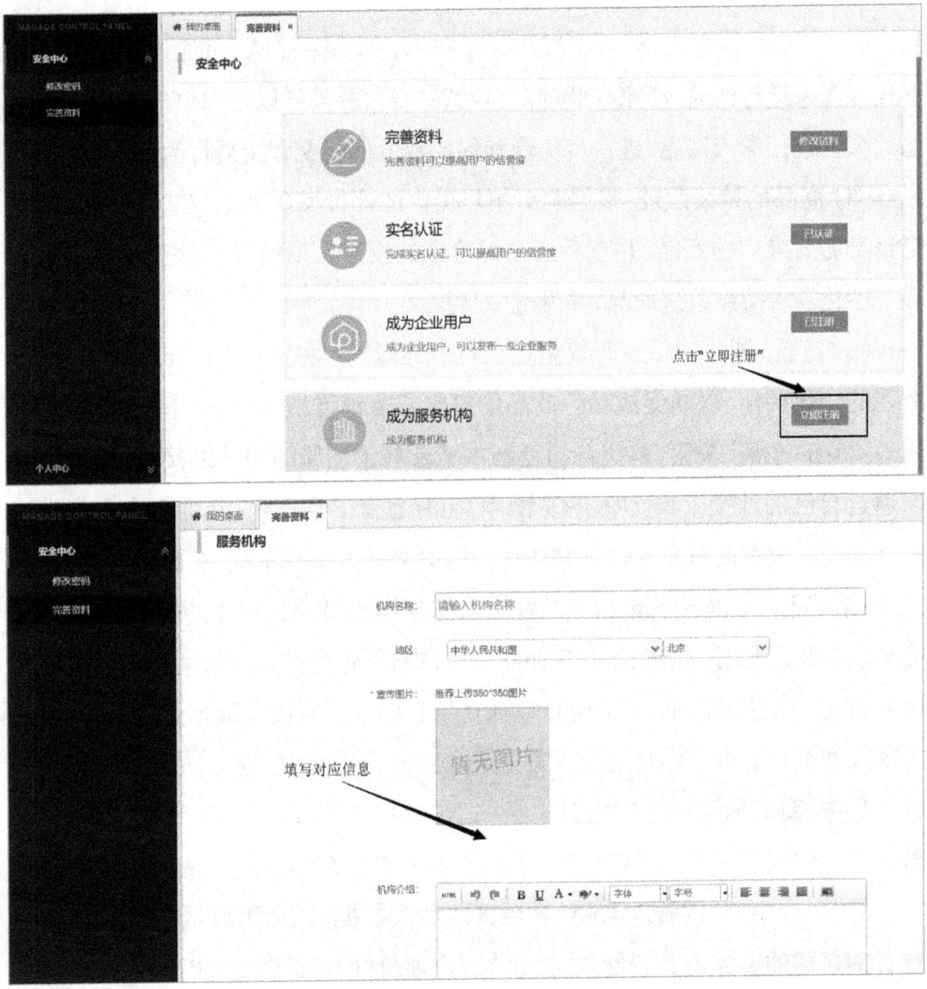

图 4-18 申请成为服务机构

（1）审核已通过：状态变成“已注册”，中心变成服务中心，如图 4–19 所示。

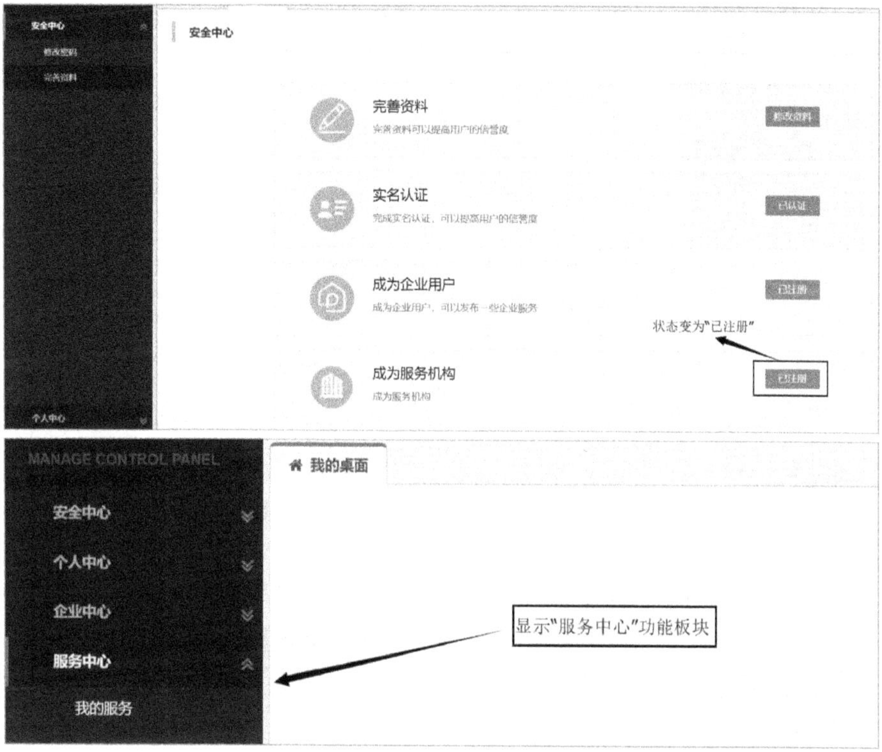

图 4–19　申请成为服务机构成功

（2）审核不通过：个人中心→站内信→收到未通过通知→再次注册

新增我的服务：服务中心→我的服务→新增→填写服务机构、服务内容等→提交→审核。

2. 服务机构发布服务项目

服务机构发布服务项目，如图 4–20、图 4–21 所示。

（1）服务编码和描述：服务中心→服务商品→新增服务→填写服务类型、服务内容、服务流程、预期效果。

（2）服务审核和建档：单击“保存”按钮后，系统自动为第三方服务建档：记录服务机构、服务类型、浏览量、评论数，可对其描述信息再次编辑或者删除。

（3）服务场景化陈列：在“商贸投资服务中心”板块的第三方服务商中进行

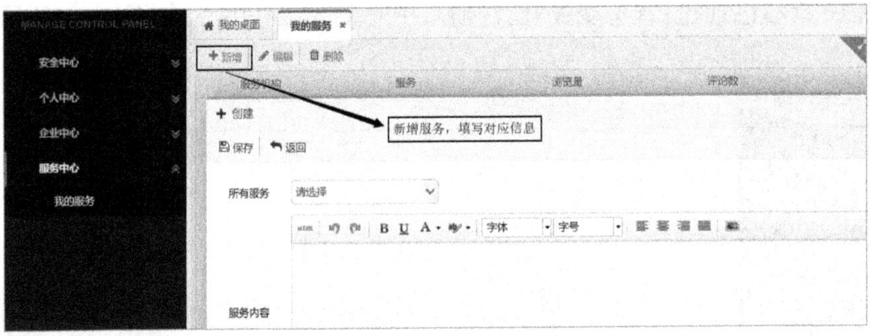

图 4-20　填写服务内容

图 4-21　查看已发布服务信息

陈列。对于具体的营销服务，单击第三方服务商图片进入主介绍区，将以图文的形式对第三方服务商及其所提供服务进行描述，即包括机构名称、所能提供的第三方服务、机构地址、创建时间、联系电话、好评率、机构介绍等，同时涵盖提供"服务列表"，即包含第三方服务提供商的具体业务，如服务说明、服务流程等。

（4）锁定目标服务群：对于有合作意向的企业或者个人，普通用户将通过

“站内信”的形式与商家进行沟通，商家因此锁定目标客户群，并同样以站内信的形式回复意愿购买者进行深入沟通，进一步实现和促成双方的匹配和交易行为。

（5）服务的持续改进：根据购买用户提供的评价反馈信息（在“商品中心”选定自身需要推广的商品，并查看商品评价区的用户反馈情况），针对用户的建议和个性化需求持续改进商品，并做进一步推广。

（6）第三方服务的打包式推广：服务机构也可以通过“企业中心”的“合作伙伴”寻找潜在的合作伙伴，以期促成第三方服务的打包式营销推广，包括如下三种方式：①邀请：单击“邀请”按钮，系统自动复制本平台登录注册的网站链接，服务机构可以通过自己的社交工具（QQ、朋友圈等）向有意愿的合作伙伴（围绕服务流程所需涉及的互补服务以及有合作机会的互补服务提供机构）发出邀请。②推荐匹配：系统也可以智能化地为其匹配潜在的合作伙伴。如通过服务流程中需涉及的互补服务以及有合作机会的互补服务提供机构。③主动添加：企业也可以通过“商贸投资服务中心”阅读第三方服务商的信息，主动添加平台上有合作意向的第三方服务商。

其中，商品的营销推广主要包括如下三种主要方式：①“商品中心”的系统营销：审核通过后，在“经济信息”板块发布；包括商品特征、商品类型、关键词等。②“个人中心”的智能营销：后台算法和大数据分析，可以根据关键词和消费者感兴趣的商品为其智能推送。③“用户评价”的口碑营销：用户的评价反馈，包括评价内容、相关图片、选择星级等。

4.3 系统管理

4.3.1 用户管理

系统管理→用户管理→出现前台注册所有用户列表→查看详情需选择某条数据，再单击“查看详情”，如图 4-22 所示。

图 4-22　用户管理

4.3.2　帮助中心

1. 添加帮助类型

帮助中心→添加“帮助中心”类型(如所添加数据没有对应帮助类型,则需建立类型)→建立的类型为一级时,父级选择顶级,如为二级则选择对应的一级类型),如图 4-23 所示。

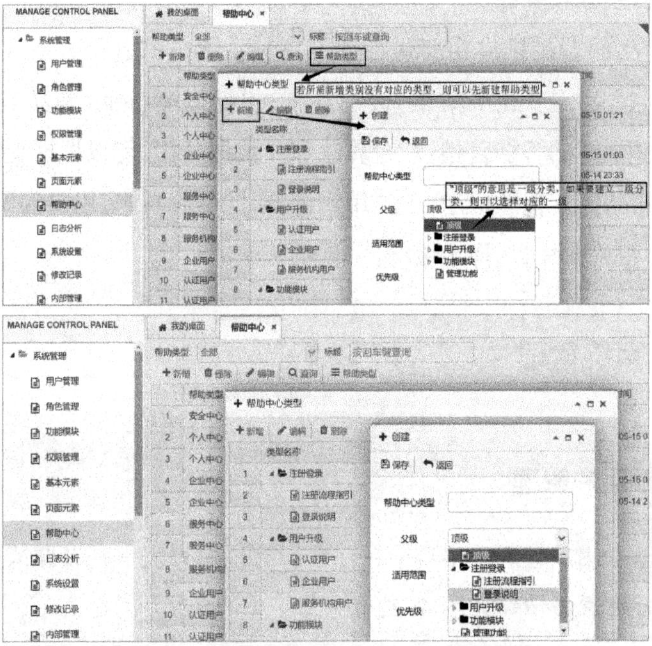

图 4-23　添加帮助类型

2. 新增帮助内容

帮助中心→新增→选择类型,填好内容等→提交→列表出现此条信息,如图 4-24 所示。

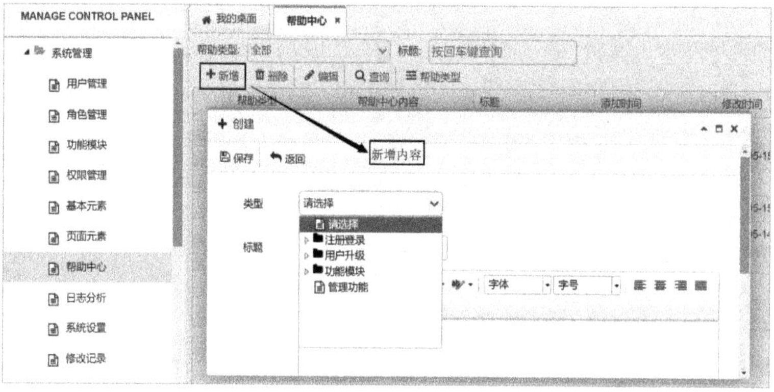

图 4-24 新增帮助内容

4.3.3 角色管理

1. 新增角色

系统管理→角色管理→新增,设置角色名称,父级选择顶级,如为二级则选择对应的一级类型。是否独享权限:是则设置角色权限为该角色唯一;否则与一级同权限。设置角色说明,如图 4-25 所示。

图 4-25 新增角色

2. 权限设置

对每一个角色进行权限的设置，根据大版块全选，也可以设置每一小版块的具体操作按钮，如图 4–26 所示。

图 4–26　角色权限设置

3. 页面元素

页面元素为所有板块内容操作的元素命名，用户可以自行设置各元素的名称，如图 4–27 所示。

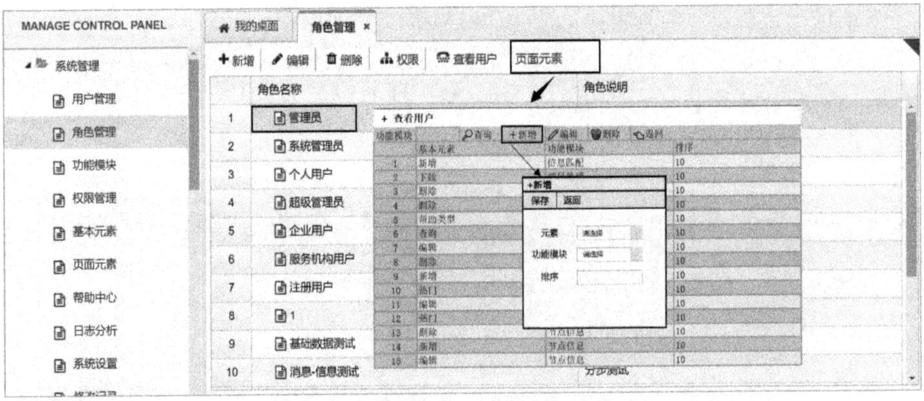

图 4–27　页面元素设置

4.3.4 功能模块

新增功能模块:系统管理→功能模块→新增,设置模块名称,父级选择顶级,如为二级则选择对应的一级类型。

是否是菜单,是:设置为了导航;否:管理模块名称,如图 4–28 所示。

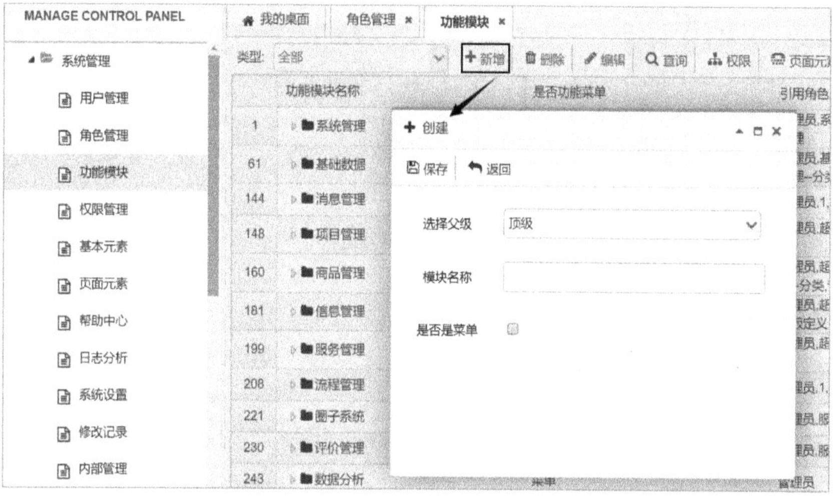

图 4–28 新增功能模块

4.4 基础数据服务

4.4.1 服务

1. 新增服务

服务→新增→服务名称、图标及服务说明等→保存→新增成功,如图 4–29 所示。

注:添加成功后管理中心第三方服务列表会多出一条刚添加的服务名称信息;平台商贸投资服务中心一站式第三方服务窗口相对应的类型即可呈现该服务首页。

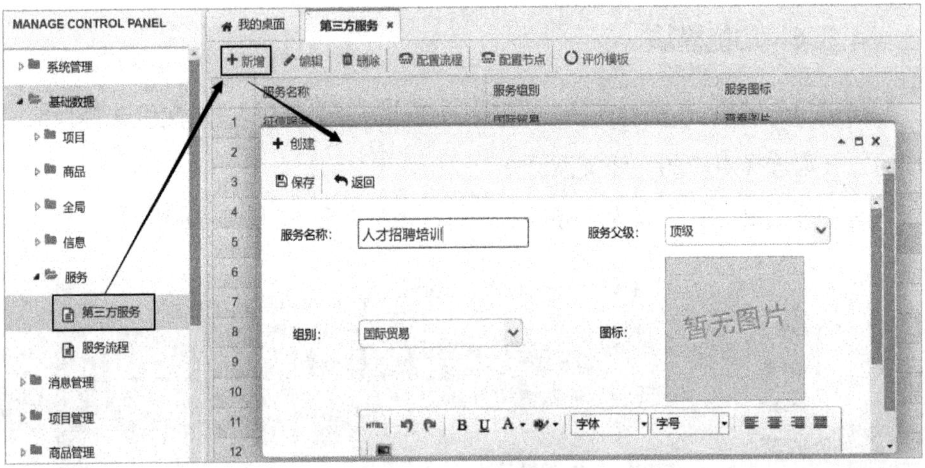

图 4–29　新增服务

2. 服务管理中心

服务管理中心，如图 4–30 所示。

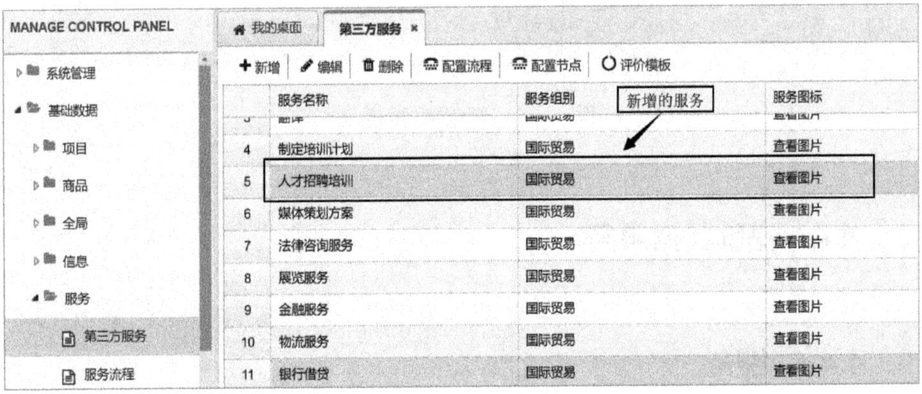

图 4–30　服务内容管理

3. 平台首页商贸投资服务中心展示

平台首页商贸投资服务中心展示，如图 4-31、图 4-32 所示。

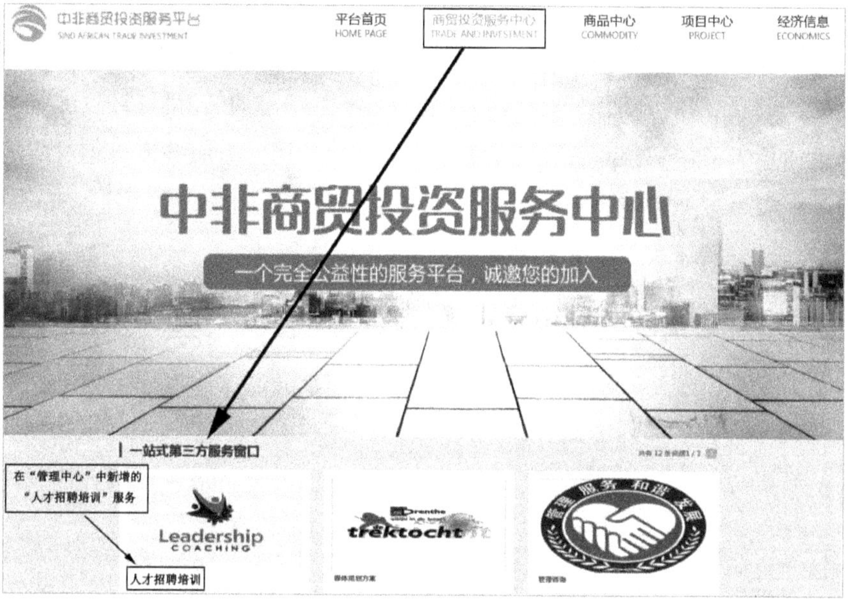

图 4-31　查看服务项目

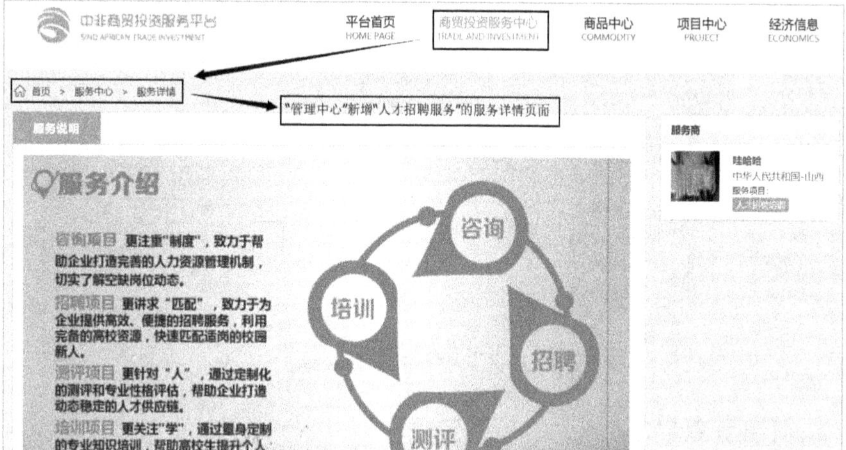

图 4-32　查看服务详情

4.4.2 流程管理

1. 新增服务流程

流程信息→新增→类型及描述→保存→新增成功，如图 4–33 所示。

注：添加成功后管理中心流程列表会多出一条刚添加的流程描述；这些流程信息添加是为了在平台商贸投资服务中心一站式的第三方服务窗口相对应的类型服务流程中呈现该服务的流程。

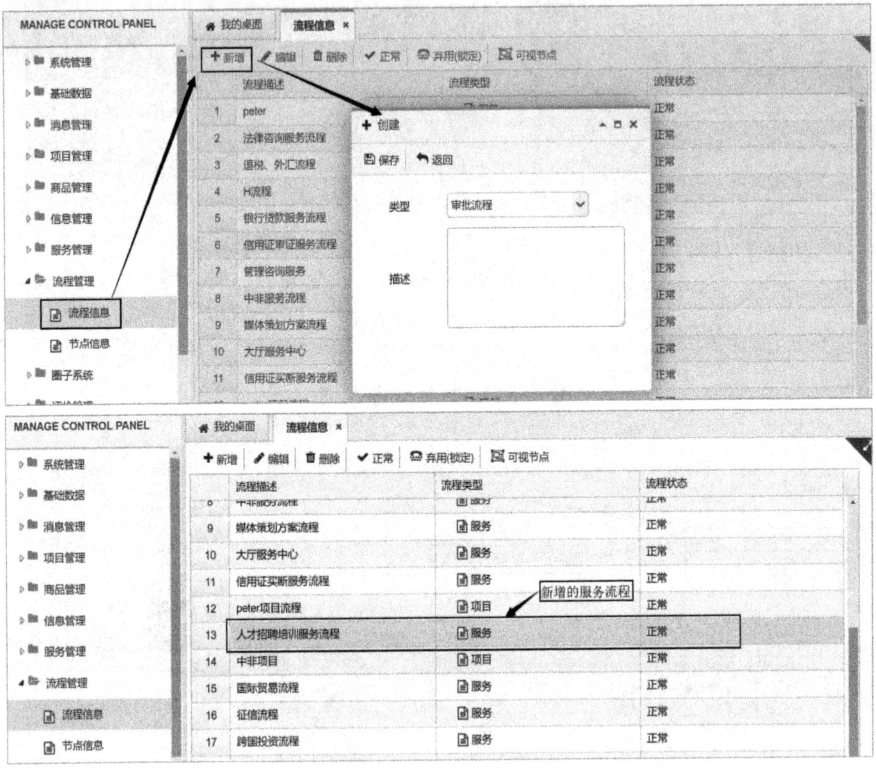

图 4–33　新增服务流程

2. 新增节点信息

节点信息→先在流程名称下拉框找上一步骤添加的流程信息，这里以“人才招聘培训服务流程”为例→新增→执行角色、所属流程、节点名称、节点类型、上级节点→保存→新增成功，如图 4–34 所示。

注:添加成功后管理中心节点列表会多出一条刚添加的节点名称;这些节点信息的开始节点、通知节点、结束节点与流程信息同属一个服务的流程是为了在平台商贸投资服务中心的一站式第三方服务窗口相对应的类型服务流程中呈现该服务的流程具体节点;目前走到节点信息这里,还未完成服务流程的整体配置。

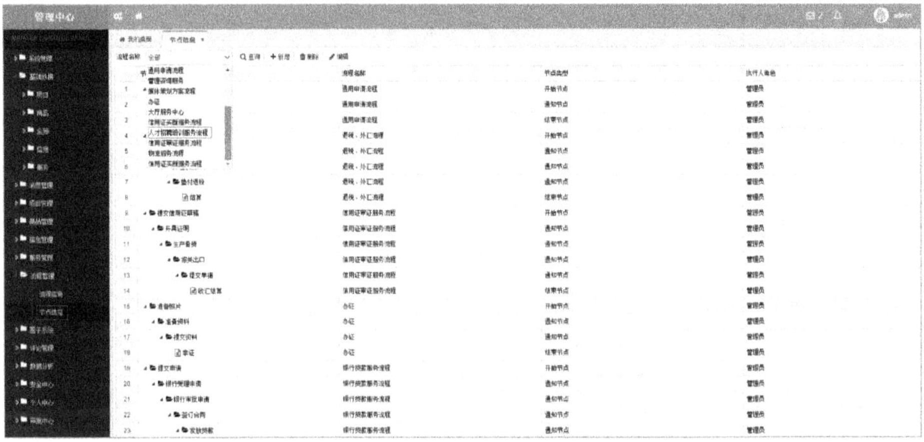

图 4-34　新增节点信息

服务节点流程新增开始节点,上级节点只能选择顶级,如图 4-35 所示。

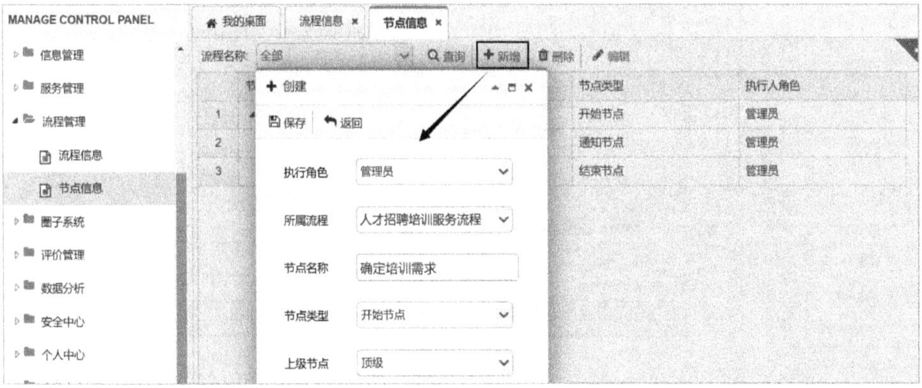

图 4-35　新增开始节点

节点信息新增操作成功的开始节点列表展示，如图 4–36 所示。

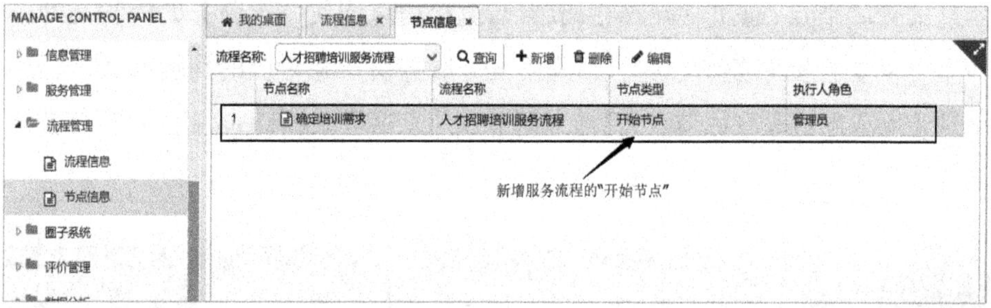

图 4–36　开始节点列表

节点信息新增“通知节点”，上级节点就该选上级添加的节点而非顶级，如图 4–37、图 4–38 所示。

图 4–37　新增通知节点

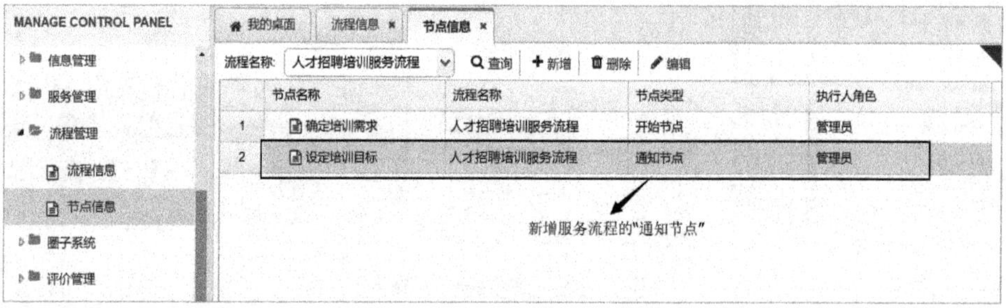

图 4–38　通知节点列表

以此类推新增节点到结束节点完毕，如图 4–39 所示。

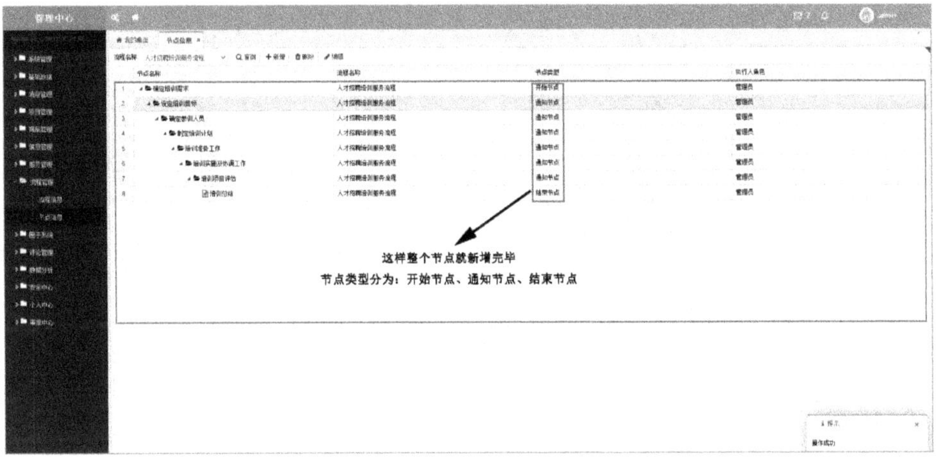

图 4–39　节点信息列表

4.4.3　第三方服务

1. 配置服务流程

配置流程→选择对应流程、添加名称信息→保存→配置流程操作成功，如图 4–40 所示。

注：配置流程及配置节点成功后，这些节点信息的开始节点、通知节点、结束节点与流程信息同属一个服务的流程是为了在平台商贸投资服务中心的一站式第三方服务窗口相对应的类型服务流程中呈现该服务的流程具体节点。

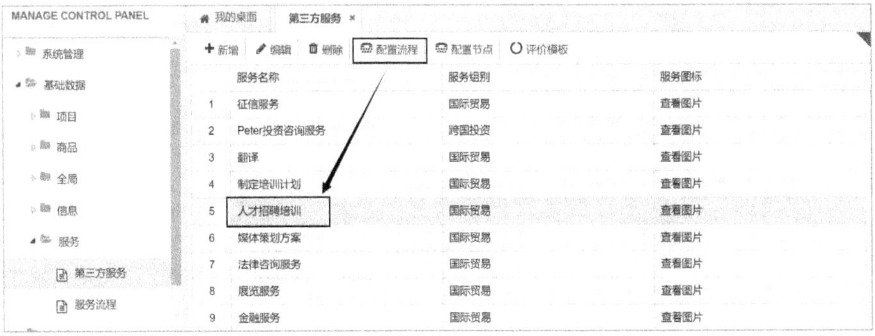

(a)

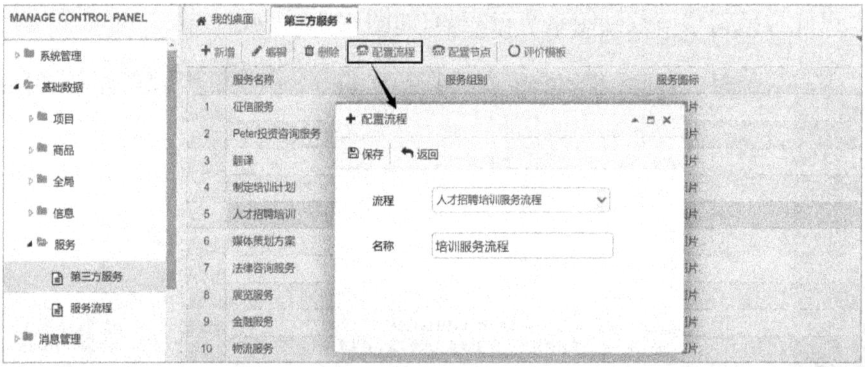

(b)

图 4-40　配置流程

(a)(b)

2. 查看服务流程

配置服务流程：商贸投资服务中心→单击人才招聘培训服务中心→服务详情→服务流程，如图 4-41、图 4-42 所示。

图 4-41　查看已配置服务流程

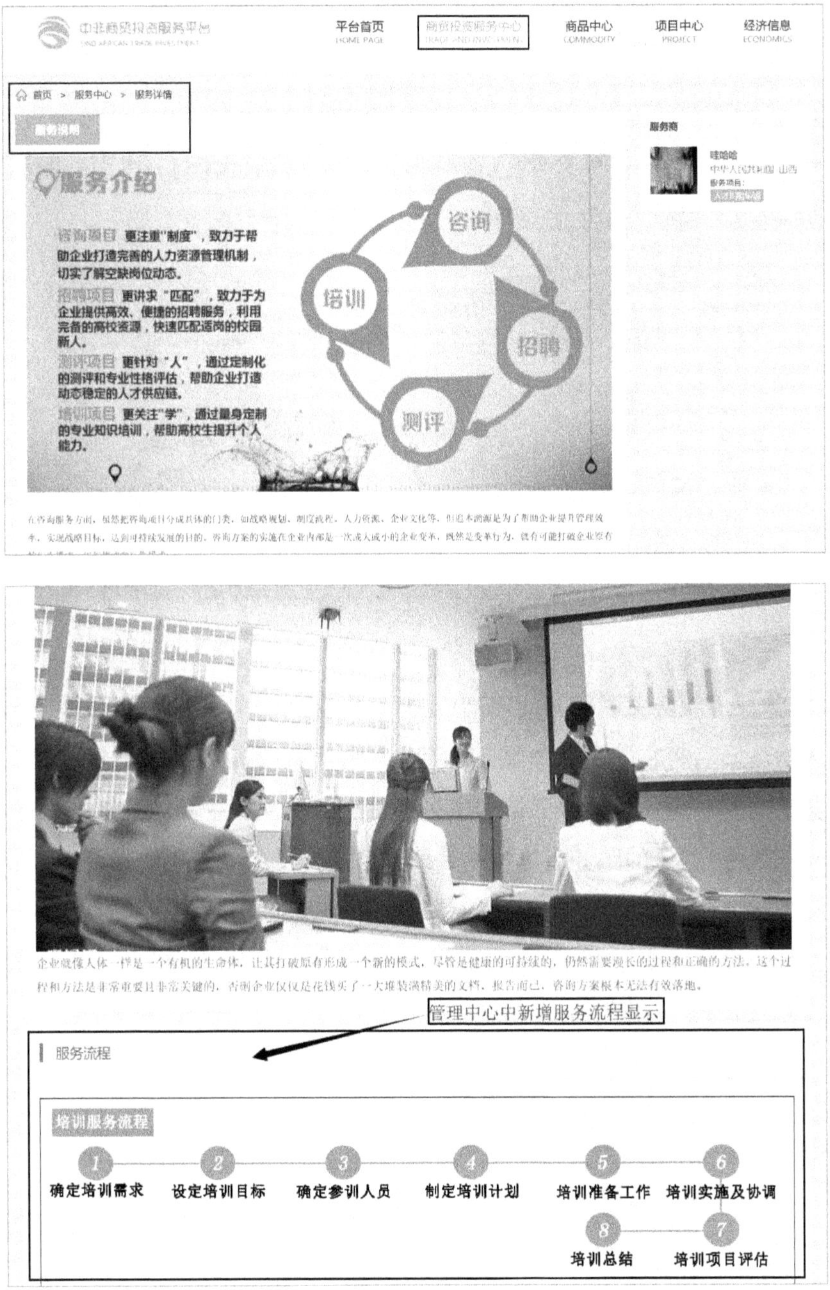

图 4-42 查看服务流程详情

4.4.4 关联服务商

1. 新增服务

服务商→新增→服务名称(二级分类)→服务父级(大类)→组别→图标及服务说明→保存→新增成功,如图 4–43 所示。

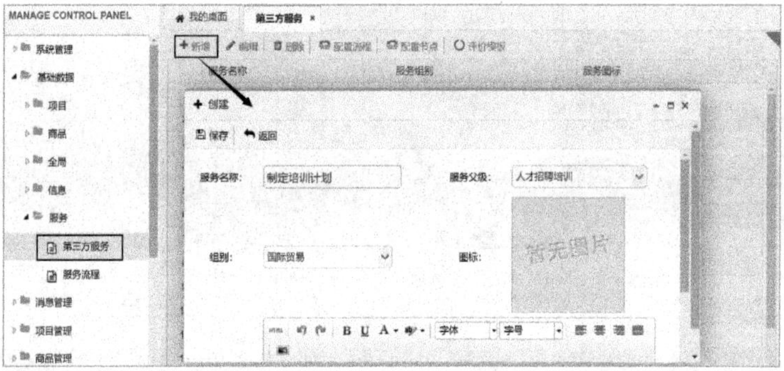

图 4–43　新增服务

注:第三方服务关联服务商新增成功后,将在列表中展现此条新增服务商信息，成功新增后将在同属一个服务的流程平台商贸投资服务中心的一站式第三方服务窗口相对应的类型服务流程中呈现该服务的流程中具体关联的服务商;

服务名称:这里的服务名称指的是第三方服务的二级分类服务商;

服务父级:这里的服务父级指的是第三方服务的大类服务商。

二级分类服务商已新增成功,依附于大类“人才招聘培训”下的一个二级服务供应商,如图 4–44 所示。

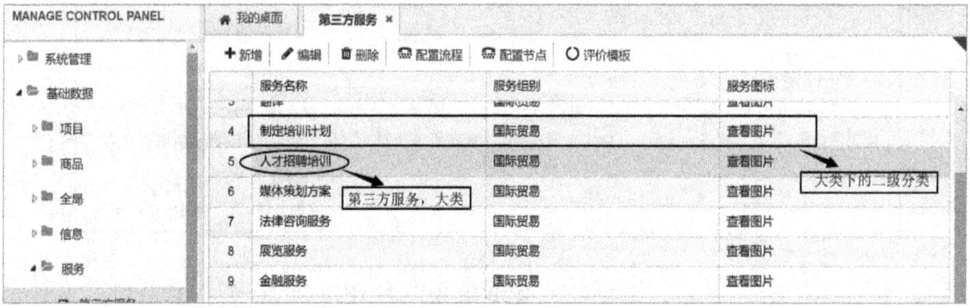

图 4–44　新增二级分类服务

2. 我的服务

（1）新增服务。我的服务→新增→所有服务下拉框选择→服务内容→服务流程→预期效果→保存→新增成功，如图 4–45 所示。

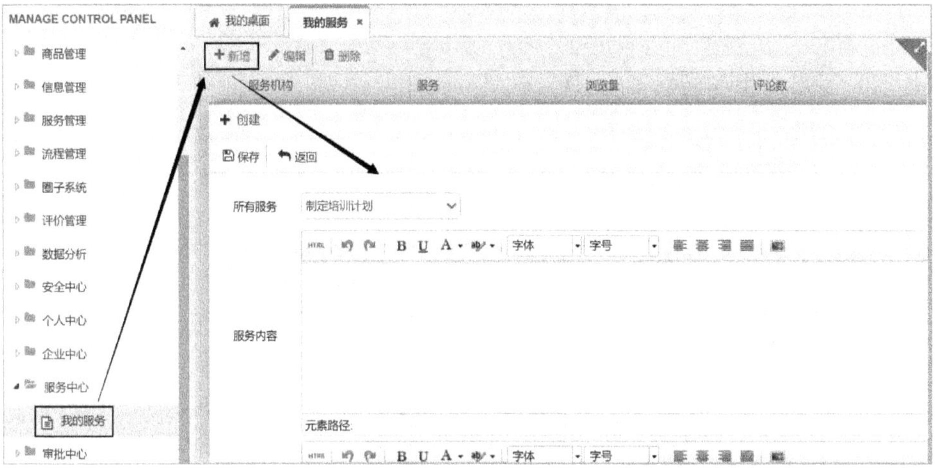

图 4–45　新增服务

新增第三方服务机构大类下的二级分类（制定培训计划），如图 4–46 所示。

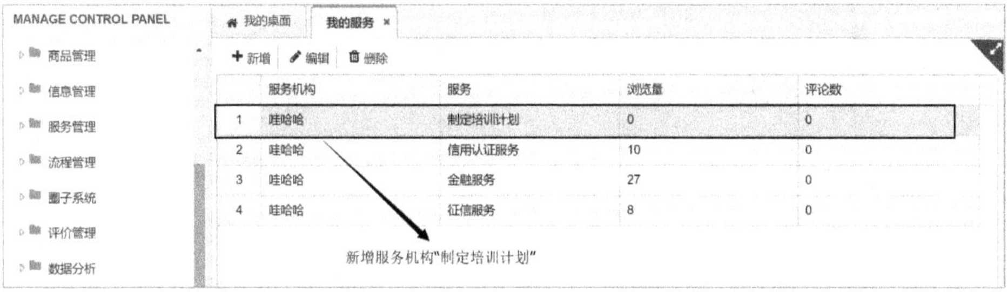

图 4–46　新增二级分类

平台商贸投资服务中心第三方服务窗口大类下的关联服务商展示，如图 4–47 所示。

图 4-47　商贸投资服务中心-第三方服务窗口-关联服务商

(2) 配置节点。二级分类新增成功后，对于相对应的节点进行配置，如图 4-48 所示。

注：根据大类（人才招聘培训）相对应的节点为关联服务商配置相关节点。

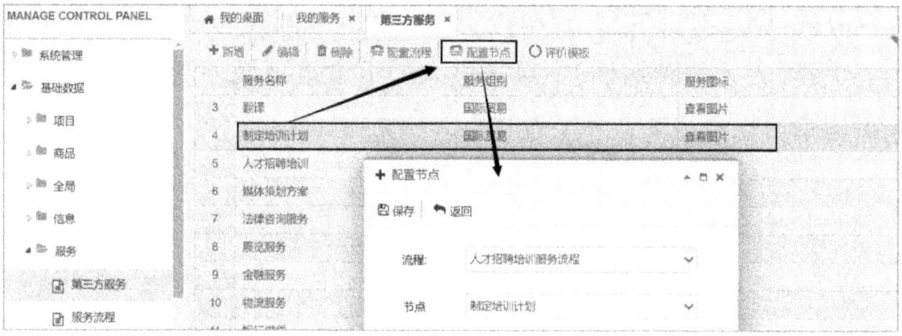

图 4-48　配置节点

根据二级分类服务名称配置对应的节点，如图 4-49 所示。

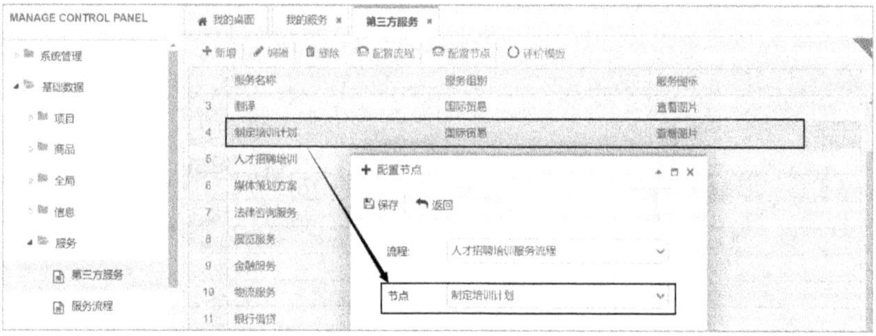

图 4-49　配置二级分类节点

配置节点操作成功提示，如图 4-50 所示。

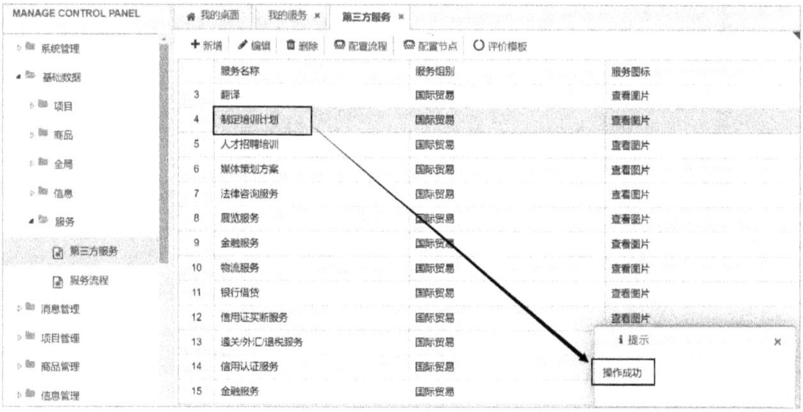

图 4-50　配置节点成功

二级分类(制定培训计划)在服务中心新增节点配置完毕后在平台商贸投资服务中心大类(人才招聘培训)中单击进入最下方培训服务流程中展示(新增服务商的流程字体会显示为蓝色),如图 4–51 所示。

(a)

(b)

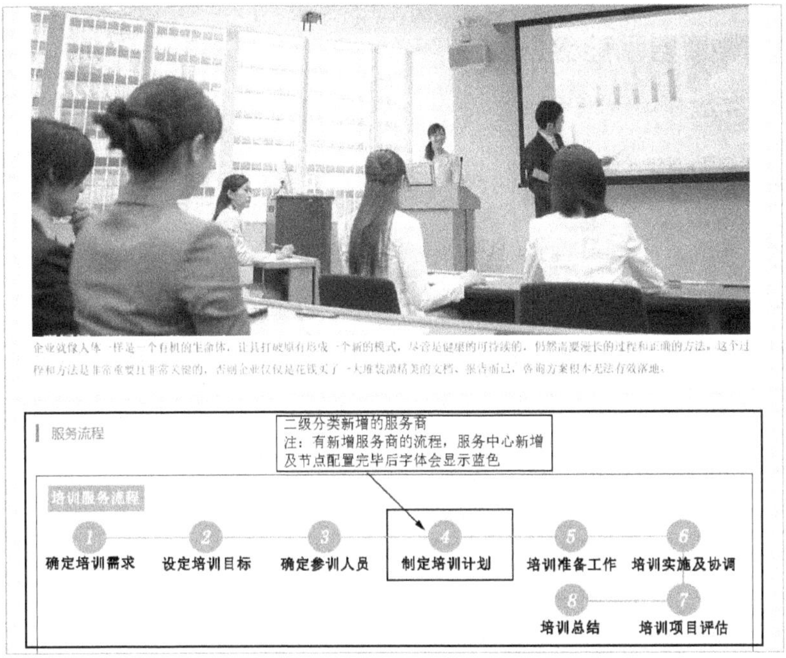

(c)

(d)

图 4-51　查看配置完成的服务流程

(a)；(b)；(c)；(d)

4.5 项目基础数据

4.5.1 管理员新增项目基础数据

角色:Admin 管理员首先需要新增项目类型。

1. 新增项目类型

项目→新增→父类型编号、类型名称及项目类型说明→保存→新增成功,如图 4-52 所示。

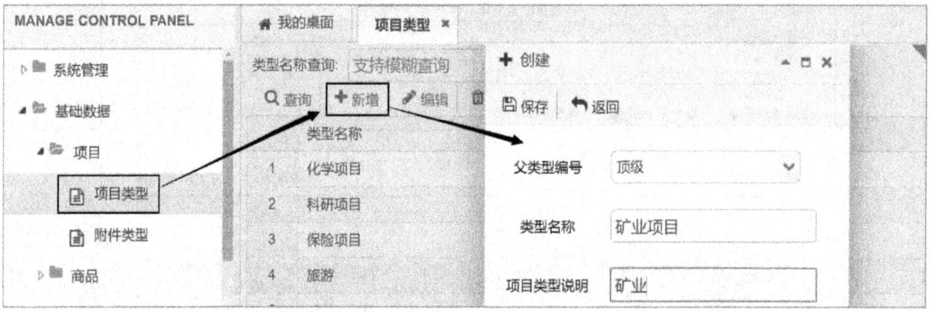

图 4-52 新增项目类型

以矿业项目为例,展示新增的矿业项目列表,如图 4-53 所示。

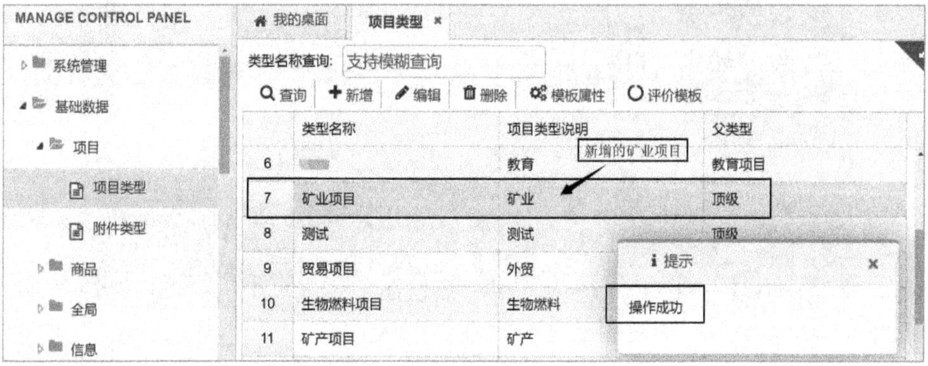

图 4-53 新增项目列表

2. 新增项目

企业中心→我的项目→新增→项目名称、项目类型、投资额、市场需求及主要风险等。

4.5.2 用户新增项目基础数据

1. 用户新增项目信息

以下为增加一个项目应基本完成的内容,如图 4–54 所示。

图 4–54 新增项目

新增项目成功的列表展示,如图 4–55 所示。

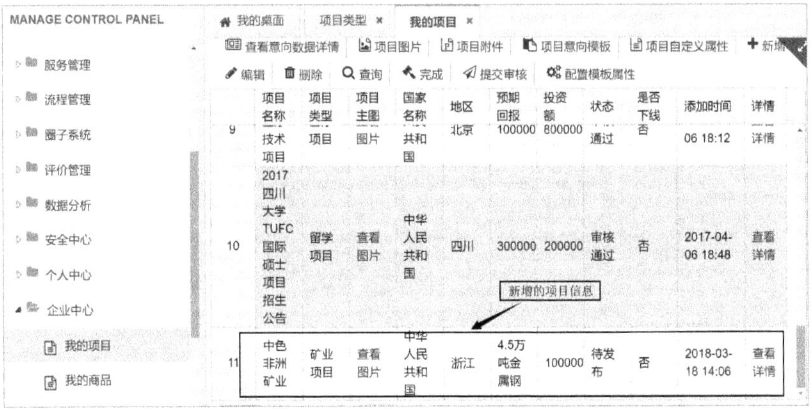

图 4–55 新增项目列表

（1）查看意向数据库。平台首页项目中心：展示项目描述（概况介绍）、项目预期回报、项目主要风险、项目用户评价，如图 4-56 所示。

图 4-56　项目描述详情

(2) 新增项目图片，上传图片有限制(一次性 3 张)，如图 4–57 所示。

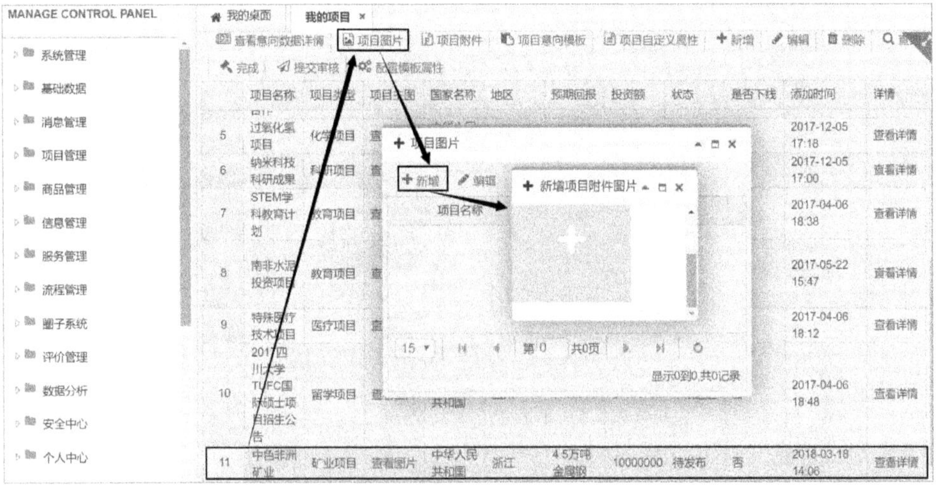

图 4–57　新增项目图片

新增图片列表展示，如图 4–58 所示。

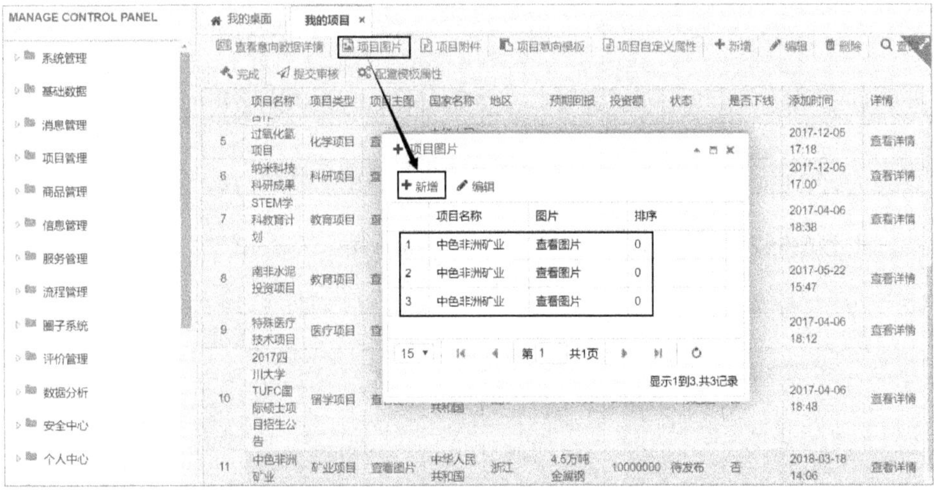

图 4–58　新增项目图片列表

编辑可进行图片前后展示的排序及编辑后针对图片排序列表的显示，如图4–59 所示。

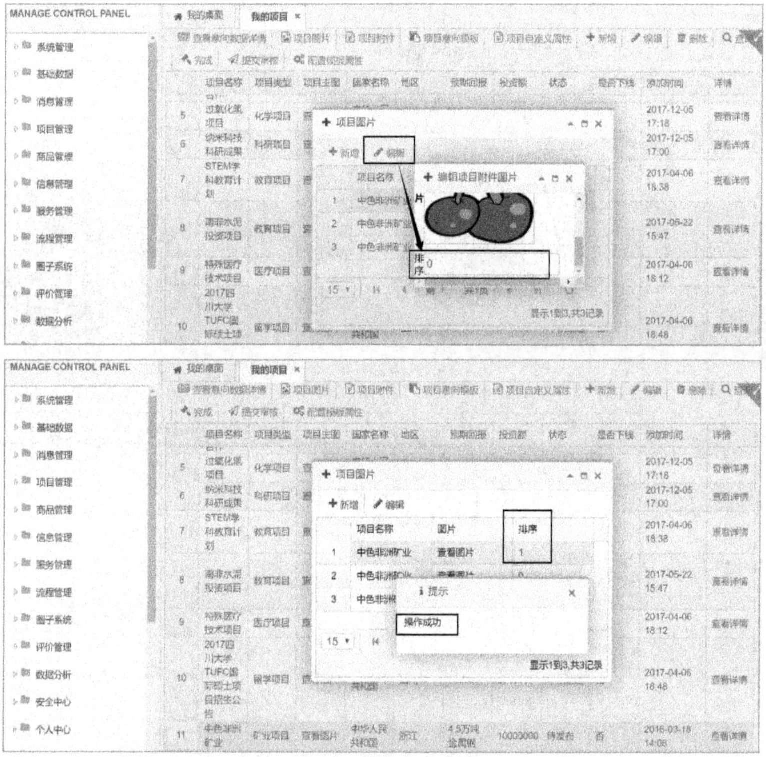

图 4–59　调整新增项目图片展示顺序

以此类推图片排序设置后展示，如图 4–60 所示。

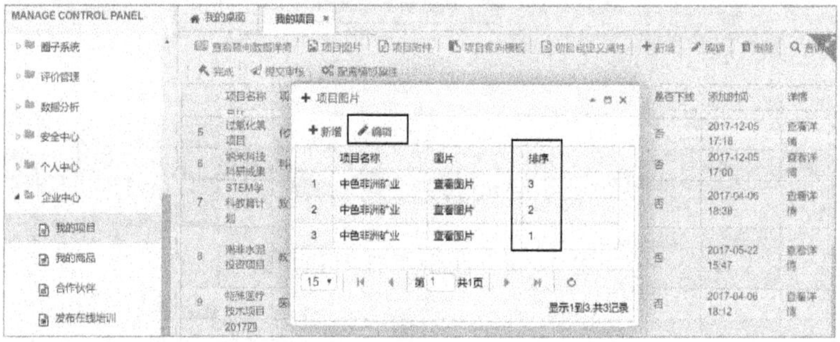

图 4–60　新增项目图片及编辑成功

（3）项目附件。项目附件→新增→文件名、附件类型、存储地址及关键字标识→保存→新增成功，如图 4–61 所示。

在新增的项目附件列表中，单击可直接下载项目附件。

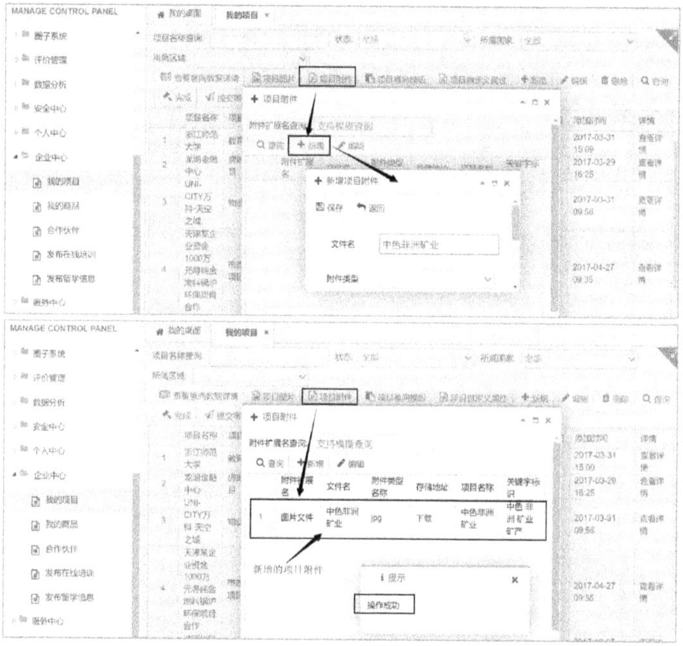

图 4–61　新增项目附件

（2）+（3）：平台项目中心展示、新增项目图片、项目附件及投资额（以中色非洲矿业项目信息为例），如图 4–62 所示。

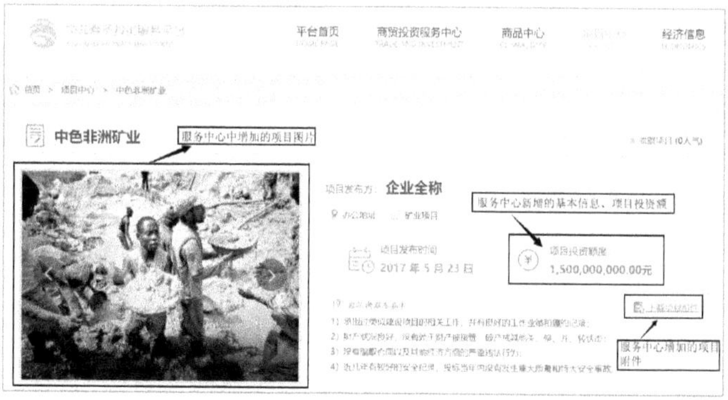

图 4–62　项目中心——中色非洲矿业项目详细信息

（4）项目意向模块。新增项目意向：项目意向模块→新增→显示名称、显示类型及是否必填选项→保存→新增成功，如图 4-63 所示。

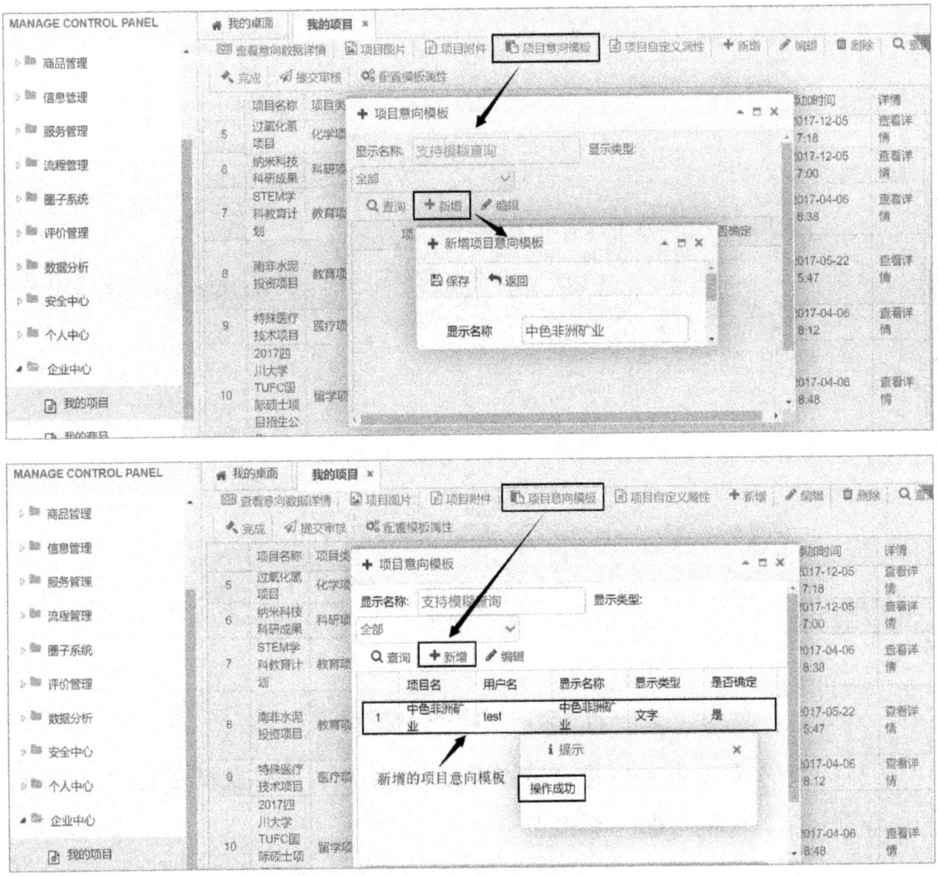

图 4-63　新增项目意向模块及列表

平台项目中心展示:项目意向模板,如图 4-64 所示。

图 4-64　项目中心—项目意向模板

(5)项目自定义属性。新增项目自定义属性:项目自定义属性→新增→属性名、属性值→保存→新增成功,如图 4–65 所示。

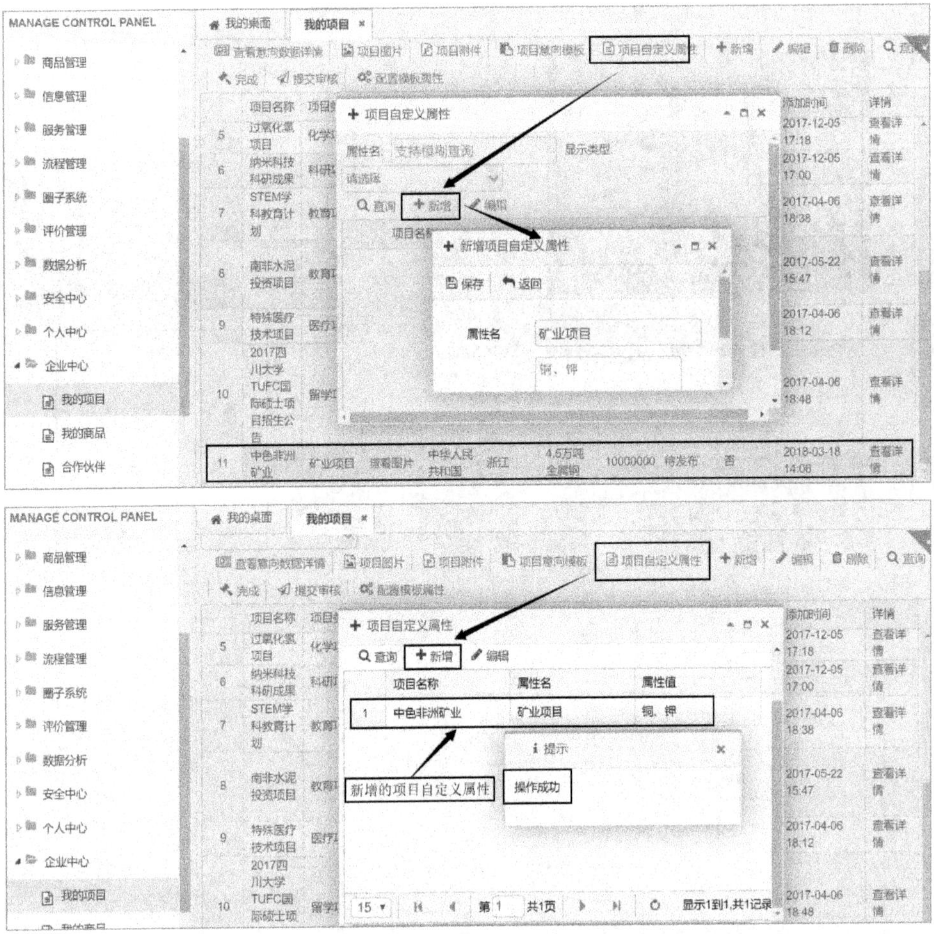

图 4–65　新增项目自定义属性及列表

项目信息状态，如图 4-66 所示。

“待发布”状态下可进行项目信息编辑。

“审核通过”状态下不可进行项目信息编辑操作，只可删除。

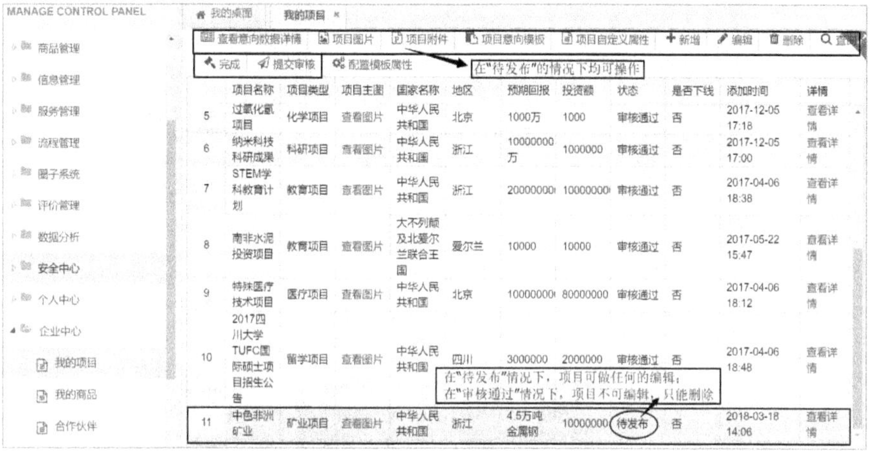

图 4-66　项目信息状态

提交审核，如图 4-67 所示。

注：数据编辑完成后，最后一步提交管理员进行针对这项信息的审核，审核通过后，即可在平台首页项目中心版块展示。

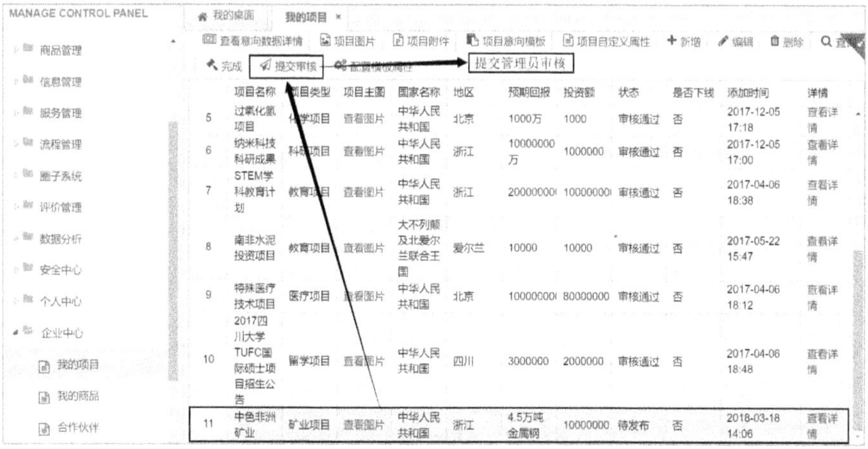

图 4-67　提交项目审核

服务中心提交审核通过后，项目中心平台才会展示，如图 4-68 所示。

图 4-68　通过审核项目展示列表

4.6　商品管理

角色：管理员登录

4.6.1　商品分类

1. 添加商品分类

添加分类：后台→商品管理→商品分类→添加→保存→添加成功，如图 4-69、图 4-70 所示。

注:如果没有选择父类型,则为一级分类,如果勾选是否显示首页,则该分类会出现在首页商品中心的产品分类中(排序按顺序显示)。

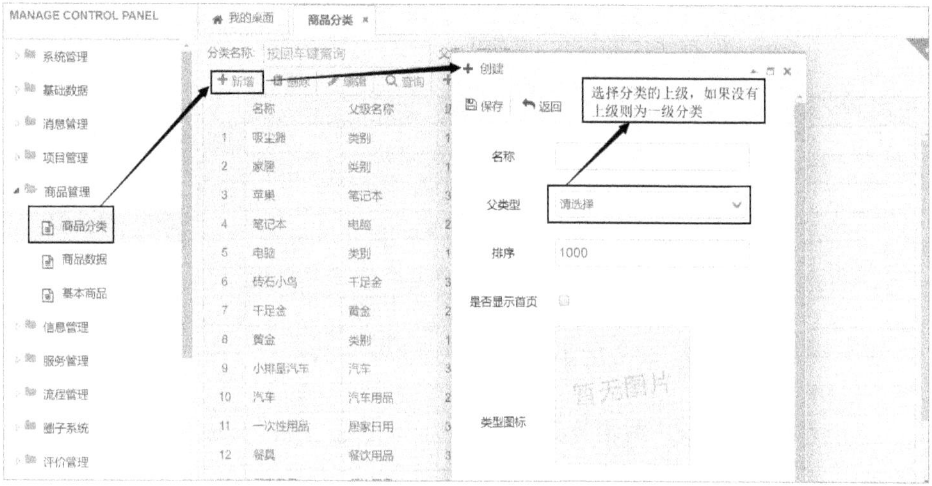

图 4-69 添加商品分类

图 4-70 商品中心—商品分类展示

（1）删除商品分类。删除分类：后台→商品管理→商品分类→单击需要删除的分类→单击删除→删除成功，如图 4-71 所示。

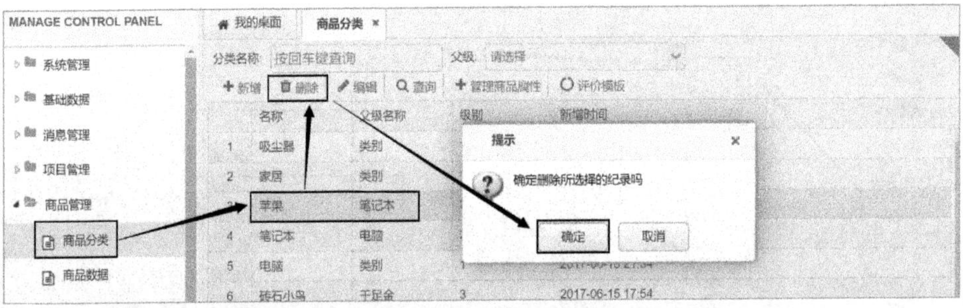

图 4-71　删除商品分类

（2）编辑商品分类。编辑分类：后台→商品管理→商品分类→单击需要编辑的分类→单击编辑→保存→编辑成功，如图 4-72 所示。

图 4-72　编辑商品分类

4.6.2　商品数据

商品数据是各个商家发上来的商品数据汇总，可以按商品标题、开始时间、结束时间、所属国家、区域等查询、筛选。

（1）商品推荐。推荐商品显示在前台商品中心的新品专区、二手商品专区、样品专区（排序按顺序显示），如图 4-73 所示。

图 4-73　商品推荐

（2）热门商品。热门商品显示在前台首页商品中心的今日热门中(排序按顺序排列)，如图 4–74 所示。

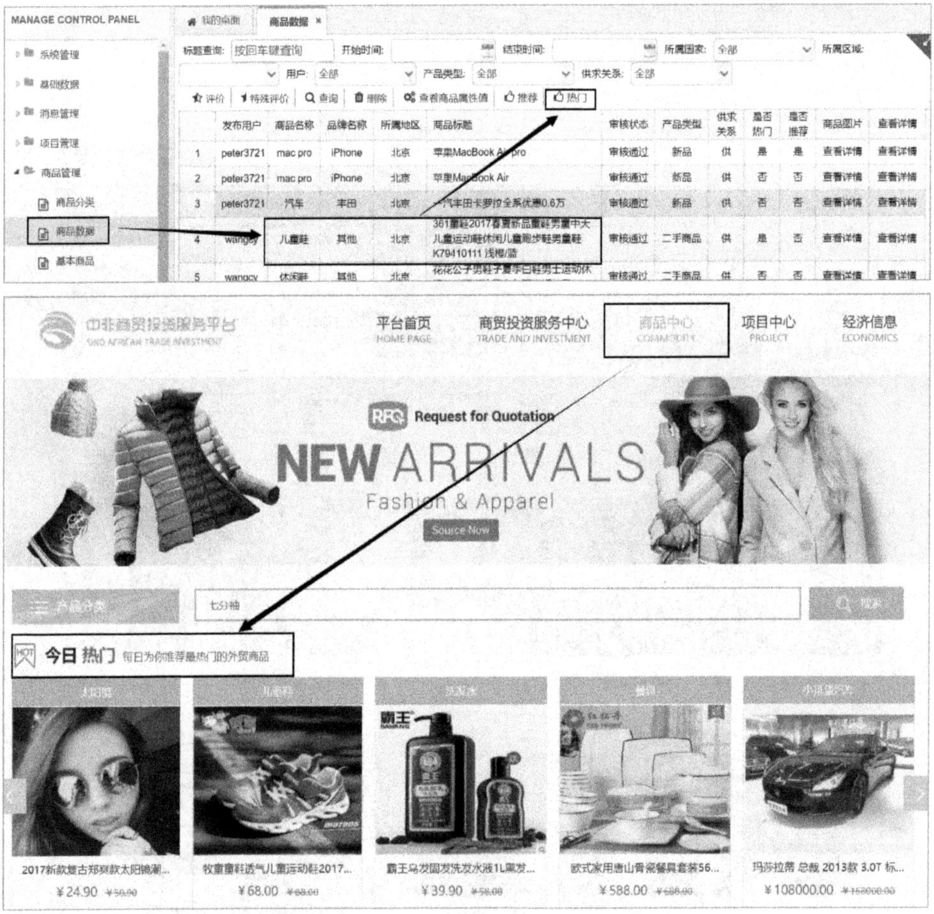

图 4–74　热门商品

4.6.3　基本商品

1. 添加基本商品

添加基本商品：后台→商品管理→基本商品→新增→保存→创建成功(基本商品是商家添加商品的基础数据和参考)，如图 4–75 所示。

注：海关编码可以按物品百度查询。

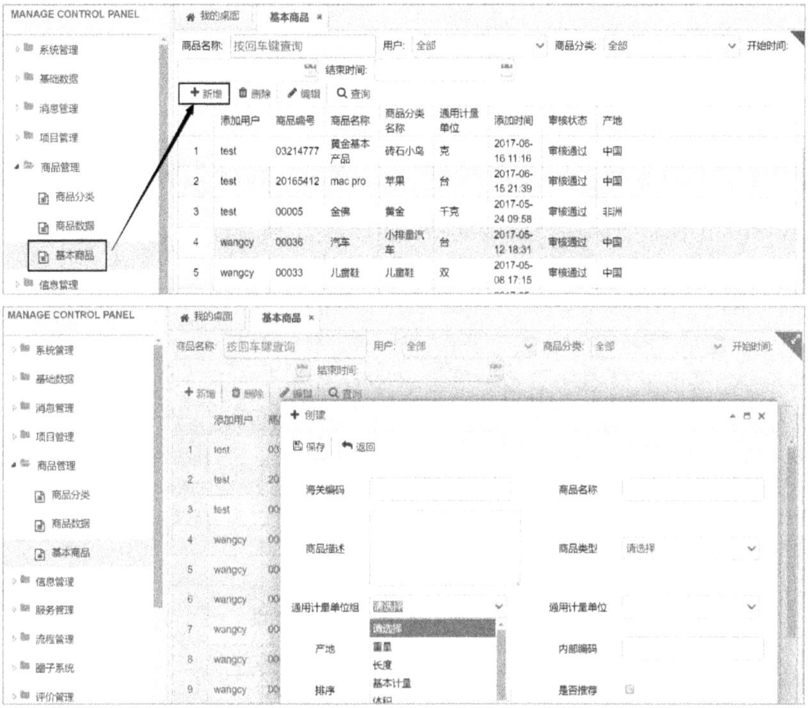

图 4-75　添加基本商品

2. 编辑基本商品

编辑基本商品：后台→商品管理→基本商品→单击编辑→保存→编辑成功，如图 4-76 所示。

图 4-76　编辑基本商品

4.6.4 基础数据

1. 商品数据来源

新增商品数据来源：后台→基础数据→商品→数据来源→新增→填写网站名称、填写网站地址→保存→新增成功，如图 4–77 所示。

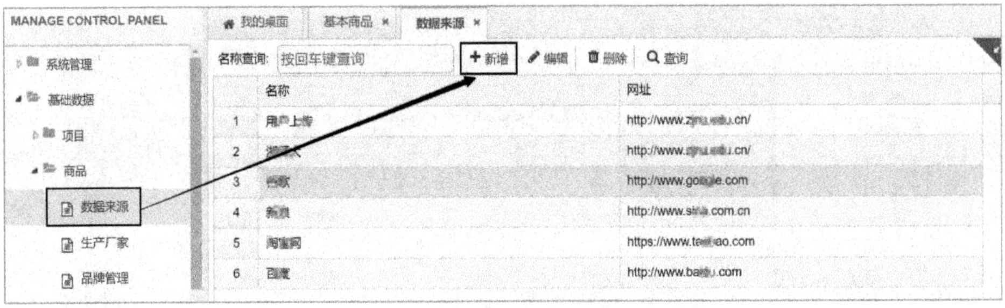

图 4–77 新增商品数据来源

商品基础数据的来源是企业中心发布商品的基础数据，如图 4–78 所示。

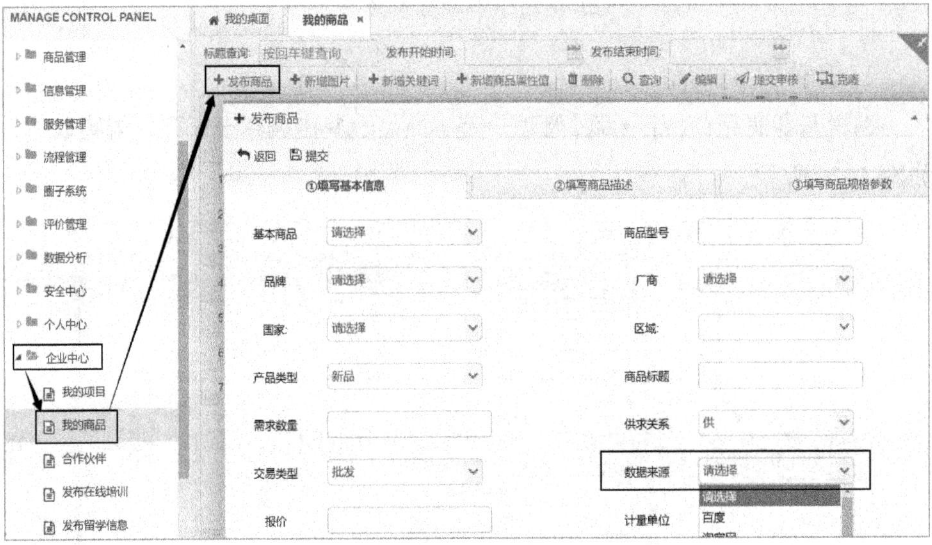

图 4–78 企业中心—发布商品—数据来源

2. 生产厂家

（1）新增商品生产厂家。新增生产厂家：后台→基础数据→商品→生产厂家→新增→填写信息→保存→新增成功，如图 4–79 所示。

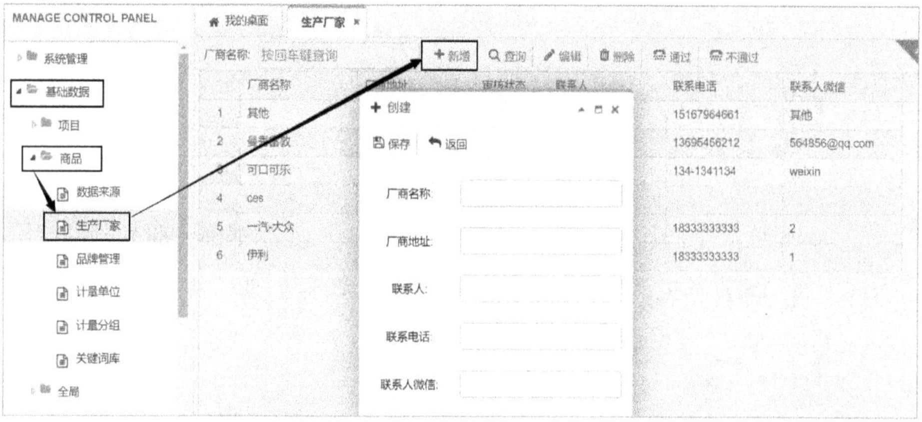

图 4–79　新增商品生产厂家

生产厂家数据来源是企业中心发布商品中的厂家基础数据，如图 4–80 所示。

图 4–80　企业中心—发布商品—厂商

（2）查询商品生产厂家。查询生产厂家：后台→基础数据→商品→生产厂家→输入厂家信息→单击查询→相关信息查询成功，如图 4–81 所示。

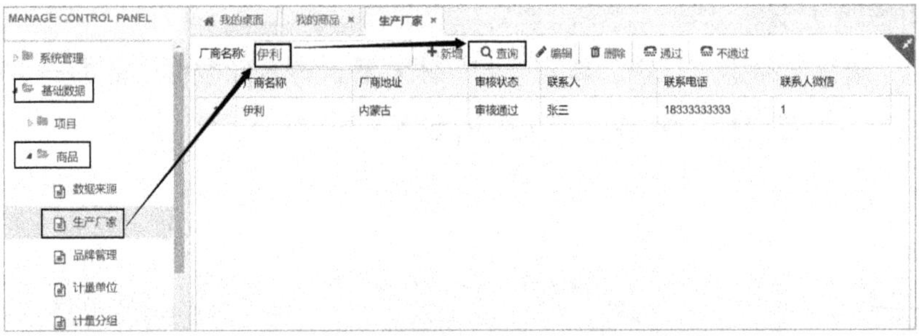

图 4-81　查询商品生产厂家

(3) 编辑商品生产厂家。编辑生产厂家：后台→基础数据→商品→生产厂家→选中需要编辑的生产厂家→编辑→保存→编辑成功，如图 4-82 所示。

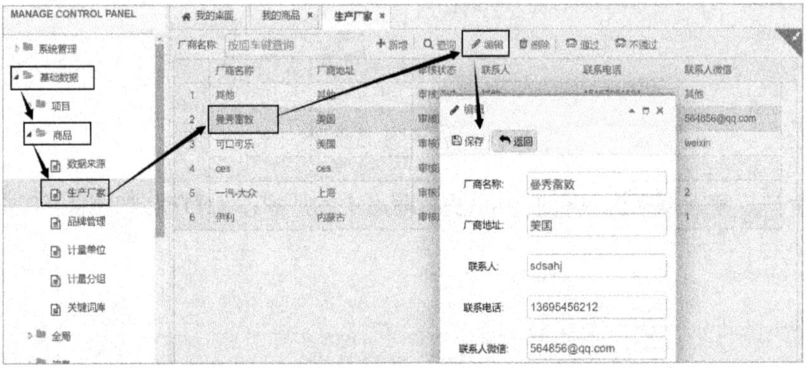

图 4-82　编辑商品生产厂家

(4) 删除商品生产厂家。删除生产厂家：后台→基础数据→商品→生产厂家→选中需要删除的生产厂家→删除→确定→删除成功，如图 4-83 所示。

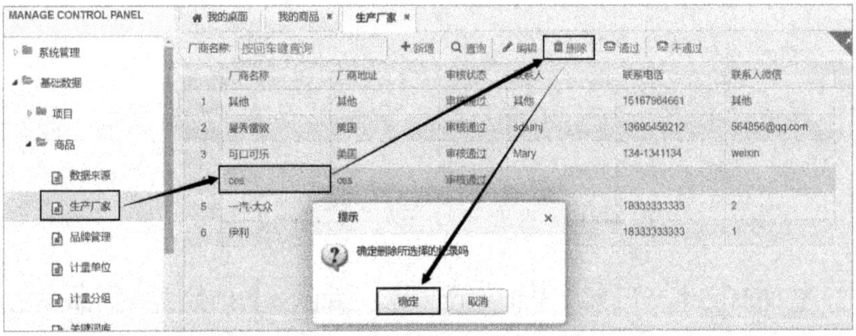

图 4-83　删除商品生产厂家

(5) 审核生产厂家信息。审核生产厂家数据:后台→基础数据→商品→生产厂家→选中需要审核的生产厂家→是否通过审核,如图 4-84 所示。

① 通过→企业中心添加商品有这条数据。

② 不通过→企业中心添加商品没有这条数据。

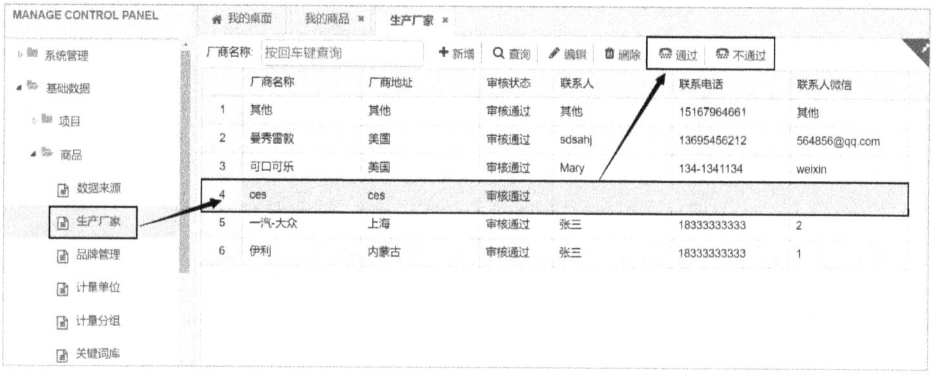

图 4-84 审核商品生产厂家

3. 品牌管理

(1) 新增商品品牌信息。新增品牌信息: 后台→基础数据→商品→品牌管理→新增→填写品牌信息→单击保存→新增成功,如图 4-85 所示。

图 4-85 新增商品品牌信息

品牌的数据来源是企业中心发布商品的品牌基础数据，如图 4–86 所示。

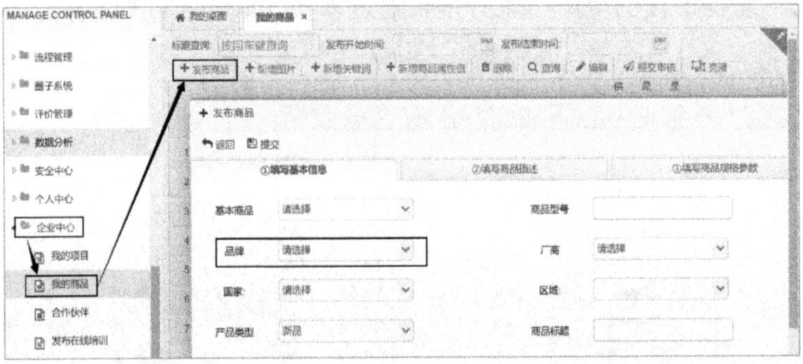

图 4–86　企业中心—发布商品—品牌数据

（2）查询商品品牌信息。查询品牌信息：后台→基础数据→商品→品牌管理→输入查询条件→单击查询→相关数据显示，如图 4–87 所示。

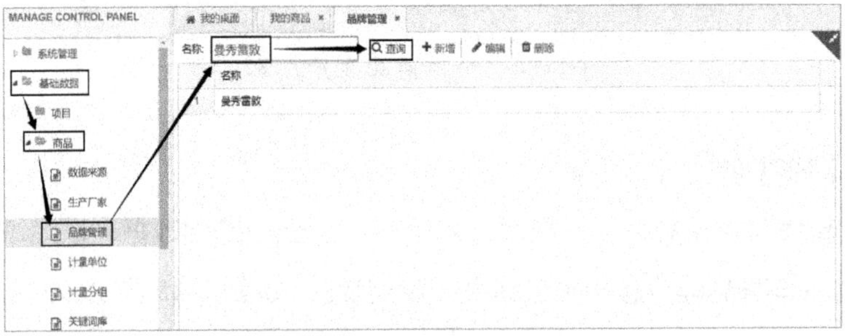

图 4–87　查询商品品牌信息

（3）编辑商品品牌信息。编辑品牌信息：后台→基础数据→商品→品牌管理→选中需要编辑的品牌→单击编辑→保存→编辑成功，如图 4–88 所示。

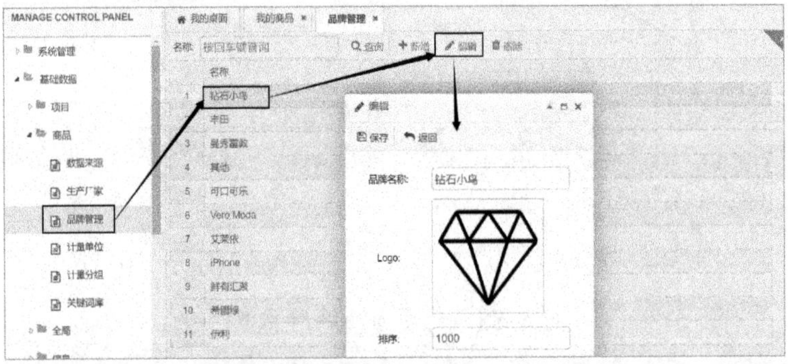

图 4–88　编辑商品品牌信息

（4）删除商品品牌信息。删除品牌信息：后台→基础数据→商品→品牌管理→选中需要删除的品牌→单击删除→确定→删除成功，如图 4-89 所示。

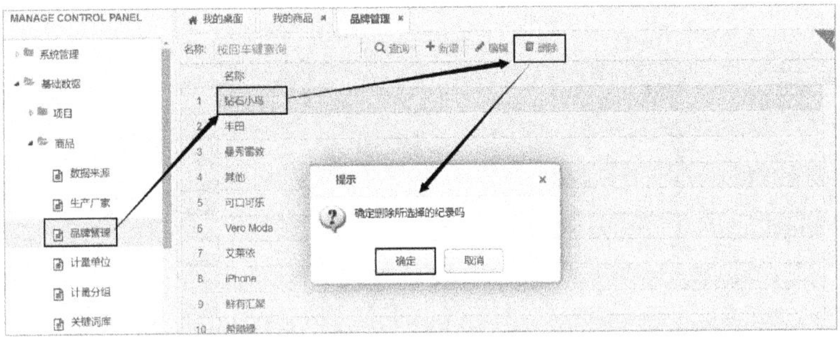

图 4-89 删除商品品牌信息

4. 计量分组

（1）添加商品计量分组。添加计量分组：后台→基础数据→商品→计量分组→新增→填写相关内容→保存→添加成功，如图 4-90 所示。

图 4-90 添加商品计量分组

计量分组是为了计量单位添加的父级数据，如图 4-91 所示。

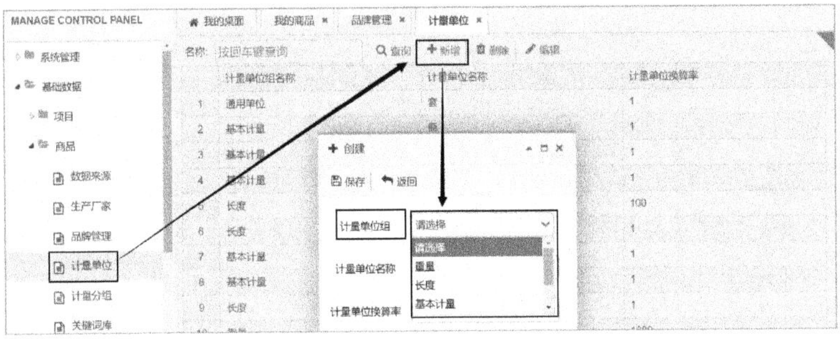

图 4-91 商品—计量单位—计量分组

（2）查询商品计量分组。查询计量分组：后台→基础数据→商品→计量分组→输入查询条件→单击查询→相关信息显示，如图 4-92 所示。

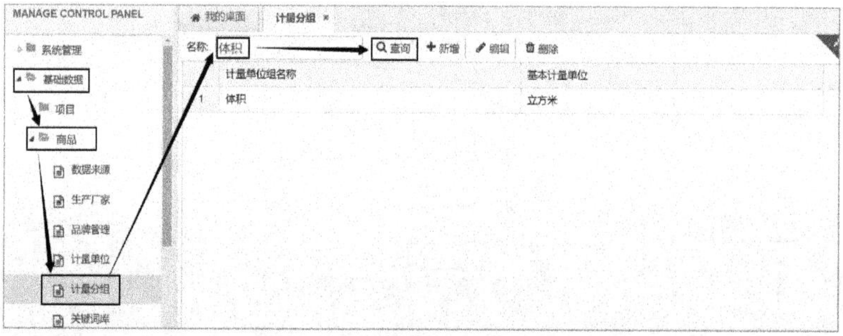

图 4-92 查询商品计量分组

（3）编辑商品计量分组。编辑计量分组：后台→基础数据→商品→计量分组→选择需要编辑的计量数据→单击编辑→保存→编辑成功，如图 4-93 所示。

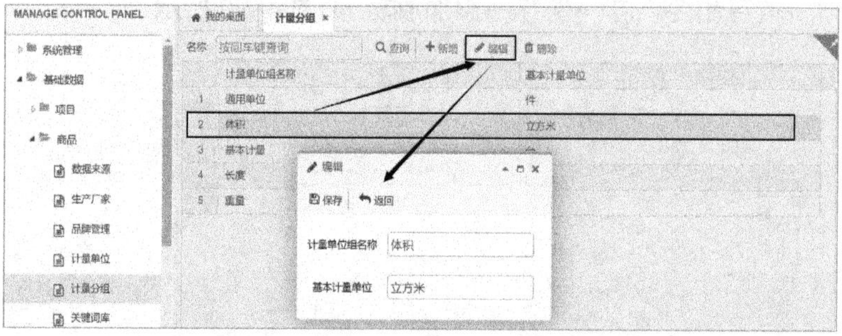

图 4-93 编辑商品计量分组

（4）删除商品计量分组。删除计量分组：后台→基础数据→商品→计量分组→选择需要删除的计量数据→单击删除→确定→删除成功，如图 4-94 所示。

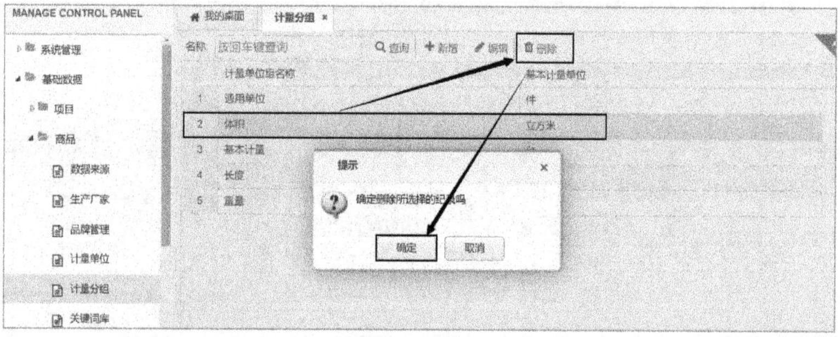

图 4-94 删除商品计量分组

5. 计量单位

（1）新增商品计量单位。新增计量单位：后台→基础数据→商品→计量单位→新增→选择计量单位组→保存→添加成功，如图 4–95 所示。

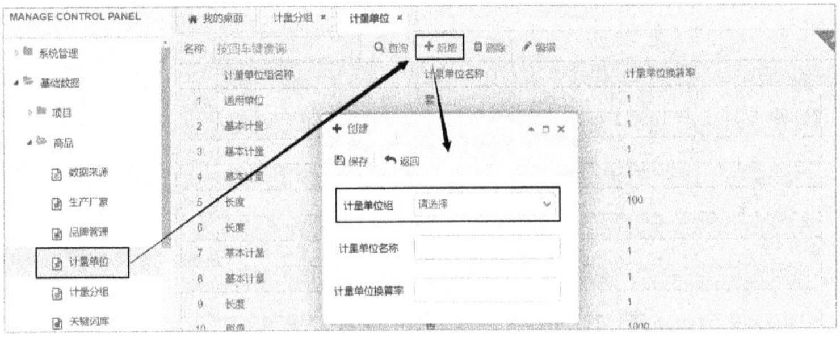

图 4–95　新增商品计量单位

（2）查询商品计量单位。查询计量单位：后台→基础数据→商品→计量单位→输入查询条件→单击查询→显示相关信息，如图 4–96 所示。

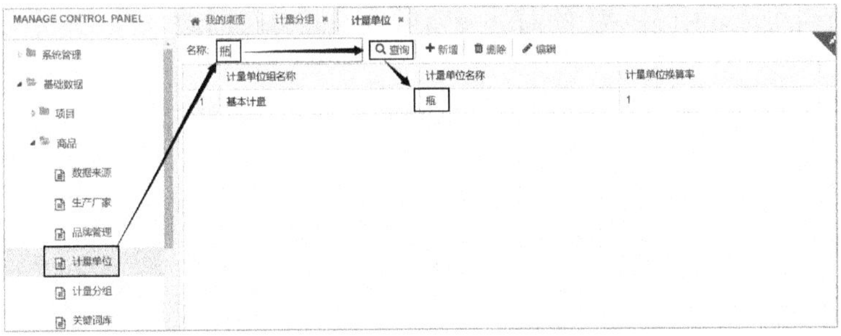

图 4–96　出现商品计量单位

（3）编辑商品计量单位。编辑计量单位：后台→基础数据→商品→计量单位→选择要编辑的计量单位→编辑→保存→编辑成功，如图 4–97 所示。

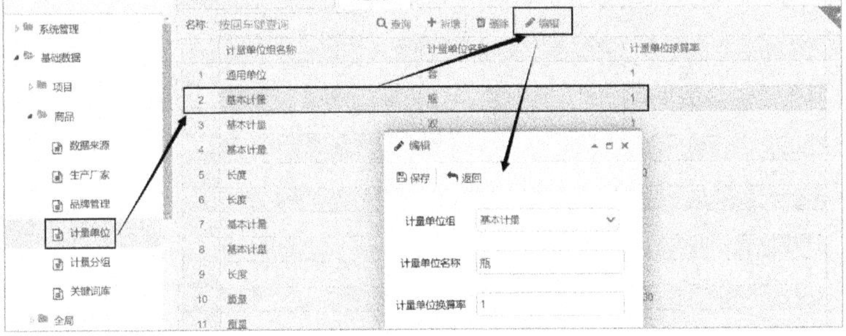

图 4–97　编辑商品计量单位

（4）删除商品计量单位。删除计量单位：后台→基础数据→商品→计量单位→选择要删除的计量单位→删除→确定→删除成功，如图 4-98 所示。

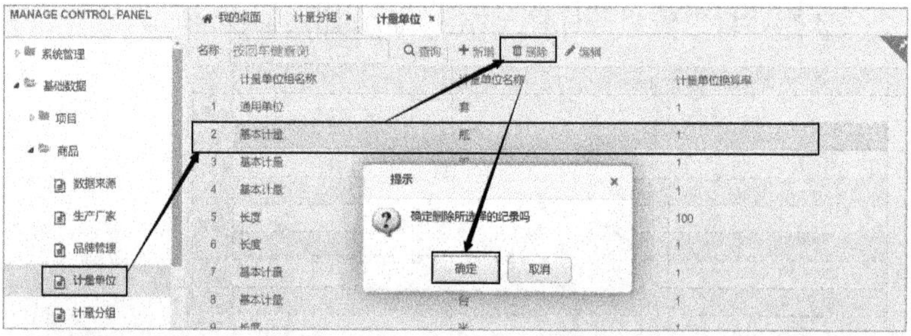

图 4-98　删除商品计量单位

6. 关键词库

（1）新增商品关键词库。新增关键词：后台→基础数据→商品→关键词库→新增→输入关键词→保存→添加成功。

关键词在企业中心→我的商品→新增关键词中匹配，如图 4-99 所示。

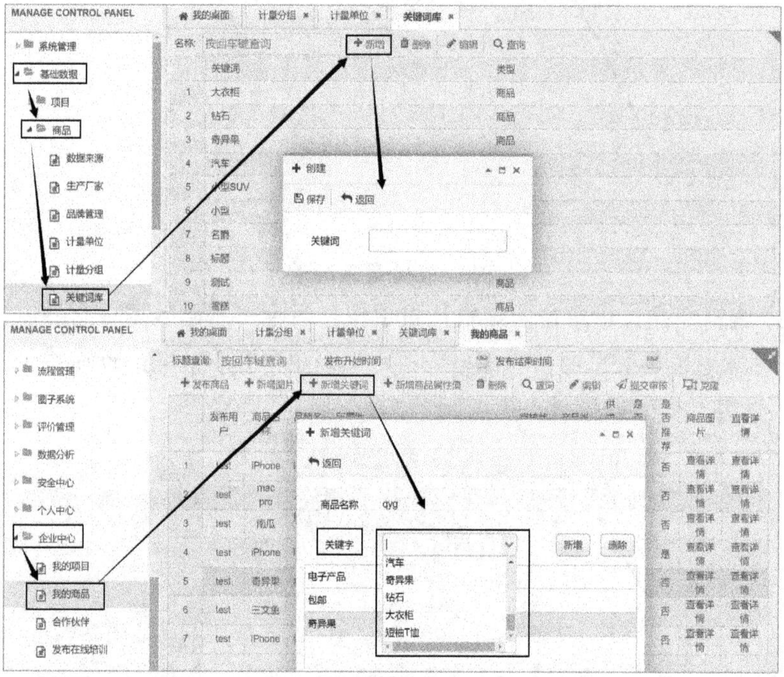

图 4-99　新增商品关键词

（2）查询商品关键词。查询关键词：后台→基础数据→ 商品→关键词库→输入需要查询的关键词→查询→相关数据显示，如图 4-100 所示。

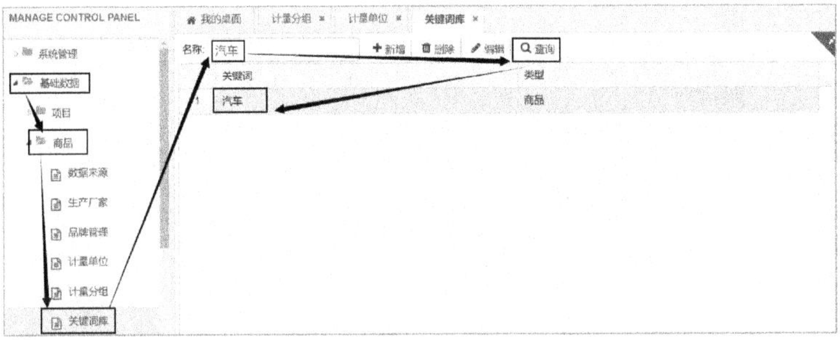

图 4-100　查询商品关键词

（3）编辑商品关键词。编辑关键词：后台→基础数据→商品→关键词库→选择需要编辑的关键词→编辑→保存→编辑成功，如图 4-101 所示。

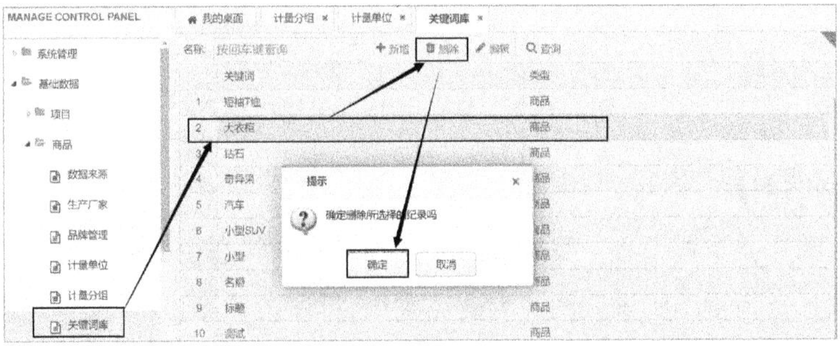

图 4-101　编辑商品关键词

（4）删除商品关键词。删除关键词：后台→基础数据→商品→关键词库→选择需要删除的关键词→删除→确定→删除成功，如图 4-102 所示。

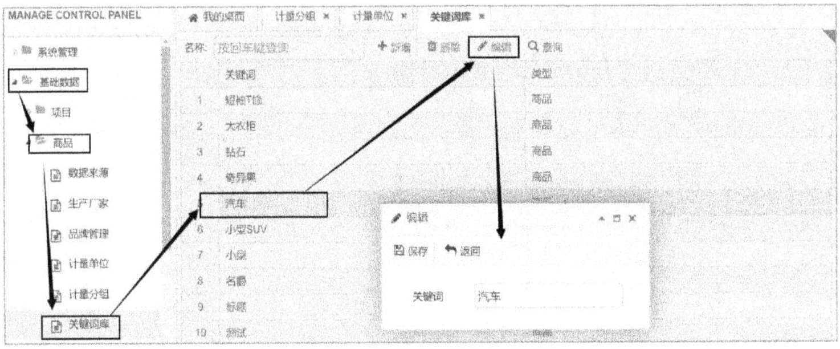

图 4-102　删除商品关键词

4.6.5 企业中心商品添加流程

1. 新增商品

新增商品：企业中心→我的商品→填写商品信息→提交→后台审核→通过后前台可显示，如图 4–103 所示。

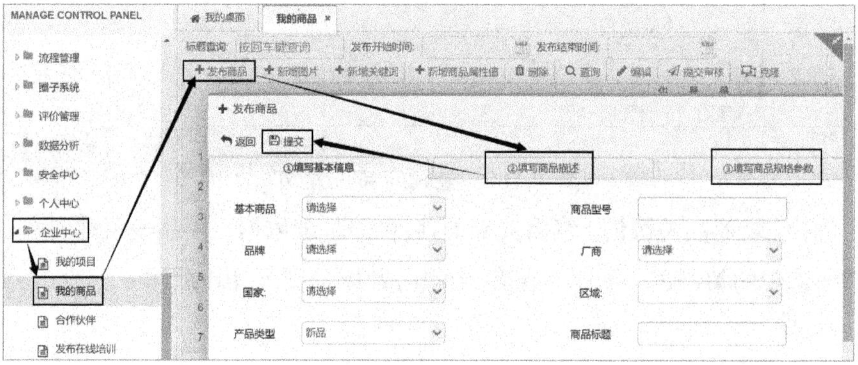

图 4–103　企业中心—新增商品

2. 新增图片

新增图片：企业中心→我的商品→选择待审核状态下的商品→新增图片→如果勾选是否为主图则该张图片为商品主图，排序按顺序显示，没有勾选则为产品图→保存→添加成功，如图 4–104 所示。

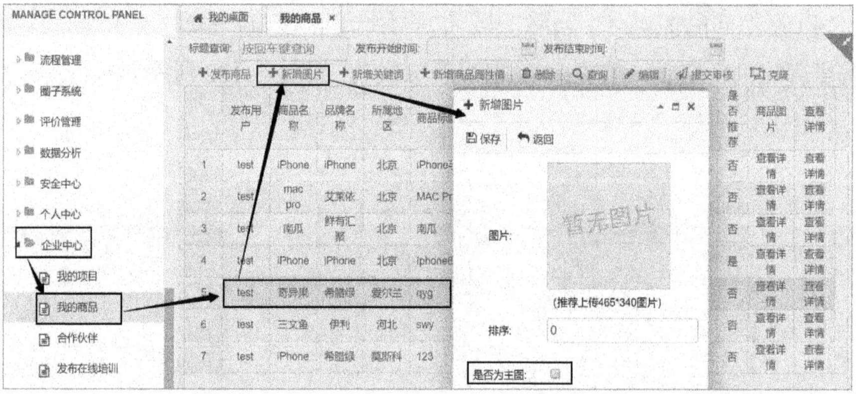

图 4–104　企业中心—新增图片

3. 新增关键词

新增关键词：企业中心→我的商品→选择待审核状态下的商品→新增关键词→选择关键词→新增→新增成功，如图 4-105 所示。

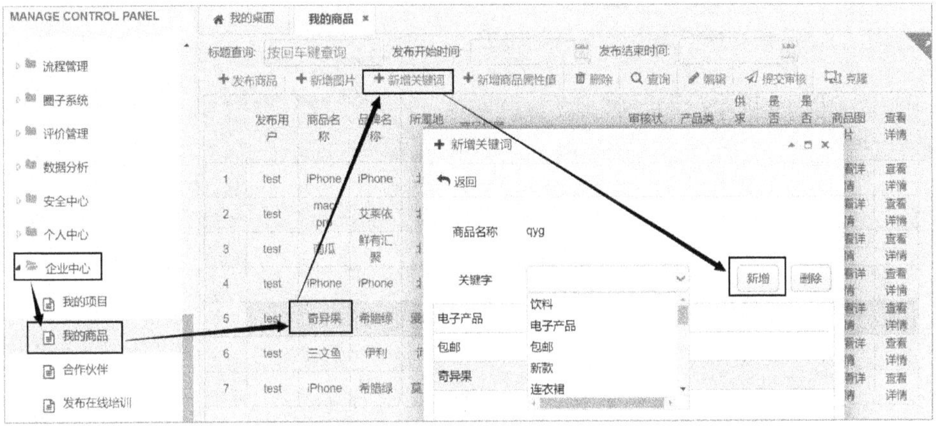

图 4-105　企业中心—新增关键词

4. 删除商品

删除商品：企业中心→我的商品→选择要删除的商品→删除→确定→删除成功，如图 4-106 所示。

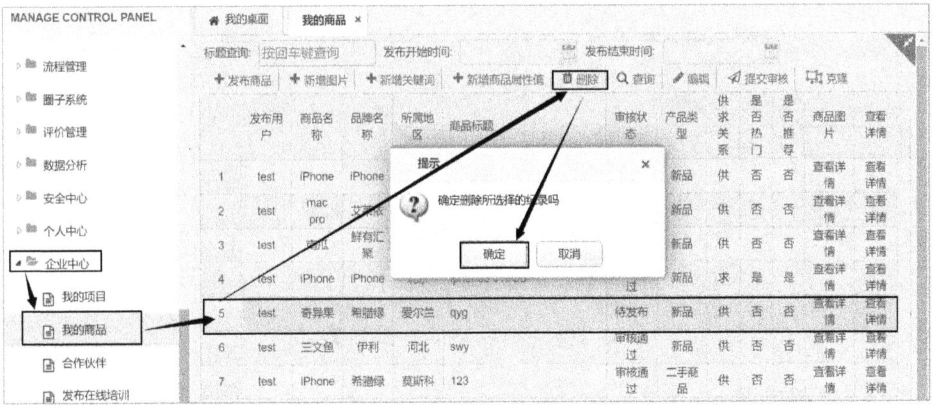

图 4-106　企业中心—删除商品

5. 查询商品

查询商品:企业中心→我的商品→输入查询条件→查询→相关数据显示,如图 4–107 所示。

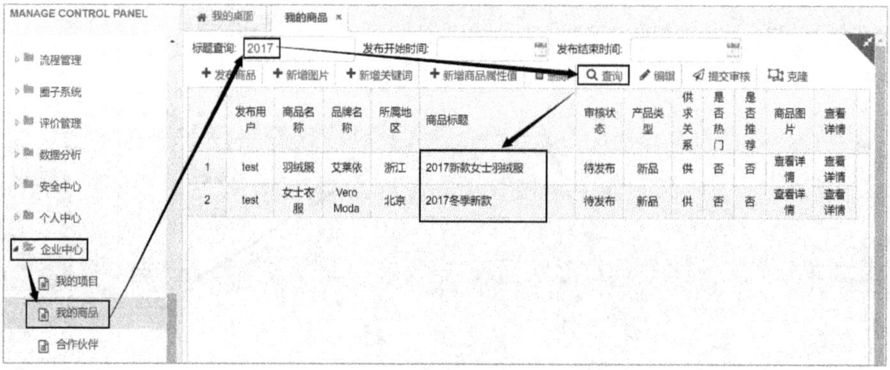

图 4–107 企业中心—查询商品

6. 编辑商品

编辑商品:企业中心→我的商品→选择待审核状态下需要编辑的商品→编辑→保存→编辑成功,如图 4–108 所示。

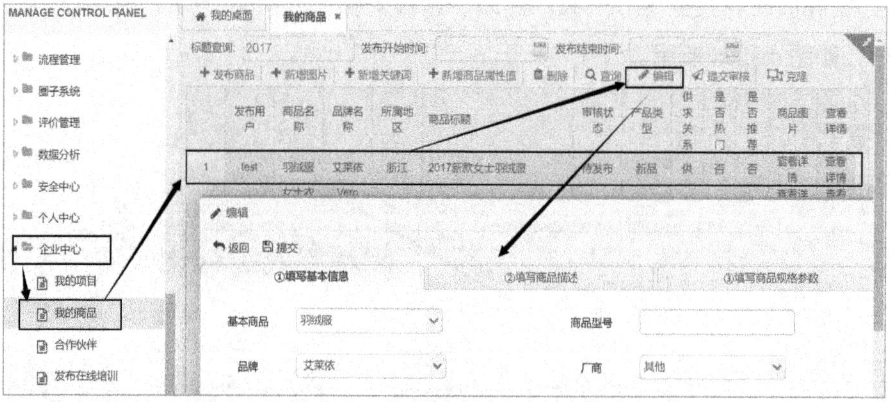

图 4–108 企业中心—编辑商品

7. 克隆商品

克隆:企业中心→我的商品→选择需要克隆的商品数据→克隆→选择分类→克隆成功,如图 4–109 所示。

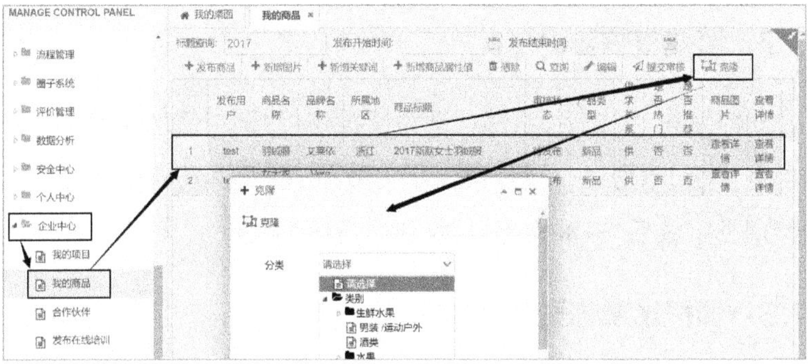

图 4-109　企业中心—克隆商品

4.7　经济信息管理

用户利用经济情报模板建立经济情报的功能，包括输入、编辑、更新、维护、出售等操作，出售按照 3:7 分成原则同时支付给平台和用户。

4.7.1　情报编码和描述

单击用户名→个人中心→我的信息→新增按钮：填写基本信息（经济情报名称、主要作者、概要描述、基本内容、选择信息模板、说明信息来源、上传信息图片）→填写信息模板（填写安全指标评价体系、储备的意义、现状及特点），如图 4-110 所示。

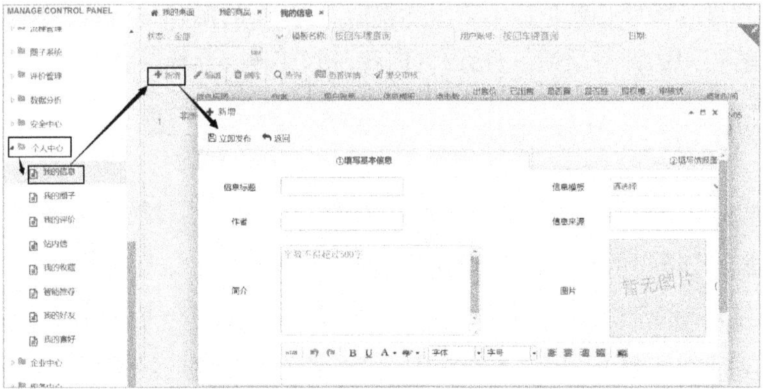

图 4-110　新增经济信息

4.7.2 情报审核和建档

单击“立即发布”按钮后，系统自动为情报建档：记录信息标题、主要作者、用户账号、信息模板、单击数、出售价格、出售数量、授权模式等信息待发布→待审核（后台管理员审核后）→审核通过（收到站内信）。

4.7.3 情报场景化呈现

审核通过后，在“经济信息”版块发布。呈现形式包括如下四种：①根据情报类型：矿产信息、石油信息、地理数据、企业数据、人才数据、新闻资讯、非洲法律人才等；②根据情报价格筛选：100 元以下、100 元 ~200 元、200 元以上；③根据用户行为呈现（热门）：依据单击率，超过 1000 以上将被评定为热门；④根据管理员评价呈现（推介）：人工推荐，由后台管理员操作，后续成熟后将按照特定的算法自动推介。

4.7.4 经济情报的营销

情报分为免费情报和付费情报。对于提供的深度合作经济情报，设置限制性情报采取付费服务。经济情报的营销方式包括：①“经济信息”的系统营销：审核通过后，在“经济信息”版块发布；包括情报类型、情报价格、用户行为呈现（热门）、管理员评价呈现（推介）等。②“个人中心”的智能营销：后台算法和大数据分析，可以根据关键词和情报需求者感兴趣的方向为其智能推送。③“用户评价”的口碑营销：用户的评价反馈，包括评价内容、相关图片、选择星级等。

4.7.5 打包式推广情报

企业或者个人也可以通过“企业中心”的“合作伙伴”寻找潜在的合作伙伴，以期促成合作情报的打包式营销推广，包括如下三种方式：①邀请：单击“邀请”按钮，系统自动复制本平台登录注册的网站链接，普通用户可以通过自己的社交工具（QQ、朋友圈等）向有意愿的合作伙伴（整合互补性的经济信息拥有者）发出邀请。②推荐匹配：系统也可以智能化地为其匹配潜在的合作伙伴。如，通过情报人员提供的商品自动为其匹配互补性的经济信息拥有者。③主动添加：普通用户也可以通过“经济信息”阅读经济情报，主动添加平台上有合作意向的情报提供者。

4.8 商圈管理

4.8.1 新增圈子

1. 商圈类型

通过“基础数据—全局—商圈类型”进行维护商圈的类型，并且可以选择是否公开此圈子。

选择是否公开：勾选则公开，不勾选则不公开。公开时，在前端页面单击加入商圈，就可以扫描该微信群二维码；不公开，则需要申请，只有管理员审批通过后，才会在站内信中查看该微信群二维码。

2. 编辑商圈

注册后的认证用户随时可以修改该圈子的信息内容，待管理员审核后便可成功修改。

3. 删除商圈

用户在管理中心选中一条记录，选择删除，则删除该圈子信息记录。

5. 审核商圈

用户在浏览商品、姓名、信息时，可以对该商品进行创建商脉圈，创建后需要管理员进行审核，是否通过。

通过：圈子建立成功。

不通过：圈子建立失败，需重新建立。

4.8.2 查看用户

用户即某一圈子的管理者（创建者）和想要加入此圈子的用户，选中一条圈子记录，可以查看加入该圈子的用户及用户的详细信息。

4.9 管理用户

4.9.1 系统管理

1. 我管理平台用户

系统管理→用户管理→出现前台注册所有用户列表，可分别按照账号、用户状态和用户类型查询出相关用户。

用鼠标选中某条数据后，分别单击右上角“删除”“编辑”“查询”“查看详情”功能按钮，即可对该条数据进行相关操作。

2. 帮助中心

帮助中心即平台的用户使用手册，将平台用户进行分类，从用户角度对平台的功能进行讲解。系统管理→帮助中心，可按照帮助类型和标题两个属性对帮助内容进行查询。

(1) 帮助类型。当添加帮助内容对应的帮助类型不存在或有误时，则需要对该帮助类型进行添加或修改。

单击“帮助类型”按钮，即可查看平台对应的所有帮助类型。

① 新增帮助类型：单击“新增”，在弹出窗口填写新增帮助类型的相关信息(建立的类型为一级时，父级选择顶级，如为二级则选择对应的一级类型)，填写完毕单击“保存”后帮助类型创建成功。

② 删除或修改帮助类型：鼠标选中对应帮助类型，单击“删除”或“编辑”按钮即可进行对应操作。

(2) 帮助内容。

① 新增帮助类型：单击“新增”按钮，在弹出窗口选择帮助类型(帮助类型不存在时需要先添加)，填写标题、内容和优先级保存即可。

② 删除或修改帮助内容：鼠标选中对应的帮助内容，单击“删除”或“编辑”按钮即可进行对应操作。

3. 管理平台角色

(1) 平台角色。

① 新增平台角色：单击“新增”按钮，选择对应父级（若为一级角色，则父级选择顶级），选择是否独享权限（是：设置角色权限为该角色唯一；否：该角色父级拥有该角色所有权限），填写角色名称和角色说明，单击保存即可。

② 修改或删除平台角色：鼠标选中对应的平台角色，单击“编辑”或“删除”按钮即可进行对应操作。

(2) 角色权限分配。选中对应角色，单击“权限”按钮，弹出窗口，勾选该角色对应的权限后单击保存即可。

4. 功能模块

包括平台所有功能模块的管理。

(1) 平台功能。

① 新增平台功能：单击“新增”按钮，弹出窗口，选择对应父级，填写模块名称，勾选是否为菜单（若为菜单，显示在页面左侧导航栏；若为功能，则为页面对应的功能按钮）

② 修改或删除功能：鼠标选择对应平台功能，单击“编辑”或“删除”按钮即可进行对应操作。

(2) 功能权限。选中需要修改权限的功能模块，单击“权限”按钮，即可设置该功能模块可调用的方法。

(3) 功能模块的页面元素。选中需要编辑页面元素的功能模块，单击“页面元素”按钮，即可设置该功能模块对应的页面元素。

5. 权限管理

权限管理模块即对平台开发中所用到的方法和控制器的管理。选中需要更改的权限，单击“编辑”或“删除”按钮即可对该条权限进行相应操作。

6. 基本元素

基本元素即页面的功能按钮，在管理系统的“基本元素”页面可对系统的功能按钮进行增、删、改、查一系列操作。

7. 日志分析

日志分析即系统的操作日志，系统自动抓取平台上每条操作记录的用户名、客户端 IP、调用的方法、控制器、日志信息、发生异常、异常追踪信息、请求头文件、日志类型以及该条记录的操作时间。系统管理员可在该页面对日志进行清理和查询操作。

（1）日志查询。系统管理员可按照日志的用户名、调用的方法、控制器名称、日志类型以及日志的起止时间对系统日志进行关键字模糊查询。

（2）日志清理。单击日志管理页面的“清理”按钮，即可清理当前系统所有日志记录。

8. 系统设置

系统设置即对平台某些全局变量进行管理。该页面可查询所有系统对应全局变量以及对应的值、是否可修改等基本情况。同时可对系统全局变量进行修改操作（对可更改的全局变量修改变量的值）。

修改之前可备份数据库。

9. 修改记录

修改记录即对数据库表的修改记录，可按用户名和修改的起止时间对修改记录进行查询。

10. 内部管理

内部管理即系统内部的用户管理，可查看系统账号名称、用户状态、用户类型、注册时间、注册 IP、国家、地区、信用积分、账户余额等信息。同时可对系统内部用户进行角色配置，对用户功能角色进行锁定操作。

4.9.2 基础数据

管理中心的基础数据模块是对平台业务相关参数的配置管理。

参考文献

[1] 陈威如,余卓轩. 平台战略:正在席卷全球的商业模式革命[M]. 北京:中信出版社,2013.

[2] 段文奇,宣晓. 网络视角下平台生态系统的动态建模、竞争策略和管理方法研究[M]. 北京:中国社会科学出版社,2016.

[3] 黄玉沛,段文奇. 中国民营企业投资非洲宝典[M]. 北京:中国商务出版社,2016.

[4] 段文奇,杨波. 复杂经济网络的测度方法、演化机制和动态建模研究[M]. 北京:光明日报出版社,2014.

[5] 唐任伍. 2016 浙非产能合作发展报告[M]. 北京:经济科学出版社,2016.

[6] 黄玉沛,邹益民. 2017 浙非产能合作发展报告[M]. 北京:经济科学出版社,2017.

[7] 杨立华等. 中国与非洲经贸合作发展总体战略研究[M]. 北京:中国社会科学出版社,2013.

[8] 张宏明. 中国和世界主要经济体与非洲经贸合作研究[M]. 北京:世界知识出版社,2012.

[9] 段文奇. 基于复杂网络的第三方电子商务平台临界用户规模研究 [J]. 中国

管理科学,2014,22(12):93-101.

[10] 段文奇,于林海. 网络平台再设计的动机、战略和措施研究[J]. 图书馆学研究, 2009(9):16-19.

[11] 段文奇, 冯笑笑. 专业市场平台化发展战略的设计方法研究——以永康中国科技五金城为例[J]. 商业经济与管理,2014,277(11):12-20.

[12] 段文奇,赵良杰,陈忠. 网络平台管理研究进展[J]. 预测, 2009,28(6):1-6.

[13] International Monetary Fund: World Economic Outlook, (October 2017) Seeking Sustainable Growth: Short-Term Recovery, Long-Term Challenges [R/OL]. https://www. imf. org/en/Publications/WEO/Issues/2017/09/19/world-economic-outlook-october-2017.

[14] 中华人民共和国商务部.2016 中国对外投资合作发展报告[R/OL].[2017-03-23] http://fec. mofcom. gov. cn/article/tzhzcj/tzhz/upload/zgdwtzhzfzbg2016. pdf.

[15] 商务部、国家统计局、国家外汇管理局. 2016 年度中国对外直接投资统计公报[R/OL]. [2017-10-09]. http://www. fdi. gov. cn/CorpSvc/Temp/T3/Product. aspx?idInfo=10000499&idCorp=1800000121&iproject=33&record=9229.